JN111961

岩崎久美
Kumi Iwasaki

お招きするための四季のスタイリングとレシピ

テーブルセッティング エレガンス

誠文堂新光社

「おもてなし」とは何でしょうか?

それは、人を心地良くさせることだと私は思っています。

誰かの喜ぶ顔が見たくて、誰かの驚きの声が聞きたくて……。

そうした想いから私のテーブルコーディネートは始まります。

心が安らぎ、歓び、素敵な時間を過ごしていただけるよう、

ゲストの笑顔を想像しながら一つのシーンを創造していくのです。

テーブルコーディネート(英語では「テーブルセッティング」と言います)というと、

高価な食器を並べたテーブルで、日々の生活とはかけ離れたものを

想像されるかもしれませんが、それはまったくの誤解です。

大切な方々が集い、食を通して会話を楽しみ、

お互いの理解を深めるための場を演出するのがテーブルコーディネートです。

美味しい料理、きれいなお花、小物、空気、光——。

これらは「おもてなしの心」をデザインし、

一つのシーンをエレガントに演出するための大切な要素です。

さらに、心地良いテーブルには目に見えないものがあふれています。

言葉や空気、素敵なアイデアなどがエネルギーとなることで、

新しい出会い、素晴らしい時間や会話が生まれていきます。

あなただったらどんなシーンをデザインしますか?

心を込めた時間と空間——「時空」を創り出すことができたなら、

そこにはきっと素晴らしい感動と

心と心のコミュニケーションが待っています。

自然を想う心を大切に、時の流れに敏感になってみましょう。

光、風、植物など、季節の移ろいをしっかり体の中に吸い込んで、

さあ、ご一緒にコーディネートをしていきましょう。

岩崎久美

2

目次
Contents

4

この本のレシピについて

● 材料は4人分を基本とし、料理によって作りやすい量で表記しています。
● 計量単位は1カップ＝200㎖、大さじ1＝15㎖、小さじ1＝5㎖です。
● 野菜や魚介などの材料は、特に記載のない場合は基本の下ごしらえを済ませてからの手順を記載しています。
● コンロの火加減は、特に記載のない場合は弱火です。
● 電子レンジ、オーブンの使用時間は目安です。電子レンジは600Wを基準にしています。機種によって異なるので様子を見ながら適宜加減をしてください。
● 加熱や冷蔵時間、保存時間、漬け込み時間はすべて目安です。お使いの道具や器具によって仕上がりが異なりますので、様子を見ながら適宜調整してください。
● 特に記載のない場合は、醤油は本醸造醤油、酒は清酒、みりんは本みりん、酢は穀物酢、砂糖はてんさい糖、塩は岩塩、胡椒は黒粒胡椒を使っています。

Chapter.1

春の
おもてなし

Spring

あたたかな陽光の下に花々が
咲き誇る春は、パーティーにお招きするのに
ぴったりの季節です。
春らしい色合いでテーブルを
コーディネートして、見た目にも
華やかな料理を楽しんでいただきましょう。

お花見の懐石

桜が咲き誇る春は和の設えでおもてなしをします。
桜色の華やかなコーディネートでお花見気分を感じながら、
春の食材をふんだんに使った和食を楽しんでいただきましょう。

コーディネートの
POINT

大きな桜の枝をテーブル中央に飾り、華やかな春のお花見を表現。クロスやナプキン、切子のグラス、小物、乾杯のワインまで、やわらかなピンク色でまとめました。折敷や椀には黒の漆器を使い、上品な大人の雰囲気に仕上げています。

桜色の小物使いで春の風を表現

テーブル中央に飾った大きな桜の枝にはピンク色の桜模様の扇子を添え、花びらが舞う春の風をイメージしました。鈴の置物を添えて、可愛らしさをさらにアップさせました。

華やかな着物の帯をテーブルランナーに

テーブルランナーには祖母から譲り受けた着物の帯を使いました。美しい刺繍が施された華やかな帯は、優美な和の雰囲気を演出してくれます。

和食のおもてなしに大活躍する折敷

漆器の折敷には小皿をのせ、先付を盛り付けます。折敷を使ったコーディネートは楽しさを演出できるうえ、料理の提供も楽なのでとても便利です。一人ひとりに手書きの献立と桜の花を添えました。

おすすめのワイン

ピュアなチェリーのフレーバーが特徴の「アンリ・グートルブ」のロゼシャンパン（左端）や、甘みのある果物にバニラのアロマが香るスパークリングワインで乾杯します。豊かなコクのある中辛口の白ワインは和食によく合います。（リストはP60参照）

MENU

- ● ほたるいかの酢味噌がけ
- ● 菜の花とあさりの辛子和え
- ● 豆腐の味噌漬け
- ● 一寸豆の青煮
- ● 鮭の田楽味噌焼き竹皮包み
- ● パルミジャーノピータン豆腐の三種和え
- ● うどと生麩の含め煮
- ● ちらし寿司
- ● 桜豆乳プリン

旬の食材を取り合わせた、春の訪れを感じる懐石

菜の花や空豆、ほたるいか、独活など、献立には春の食材をふんだんに取り入れました。お花見気分を高めるために、食材の色合わせも明るく鮮やかになるように意識しています。ちらし寿司は大皿に華やかに盛り付けます。

先付4種

菜の花、ほたるいかなど旬の食材を使った春の先付。小皿のスタイリングを考えるのも楽しみのひとつです。

❷菜の花とあさりの辛子和え

菜の花のほろ苦さ、あさりの旨みにピリッとしたからしがよく合う、春の定番おひたしです。

材料（4人分）

菜の花 …… 1束
あさり（むき身）…… 50g
酒 …… 大さじ6

A ［ あさりの煮汁 …… 大さじ2
醤油 …… 小さじ2
練りがらし …… 小さじ1

作り方

1 菜の花は根元の硬い部分を1cmほど切り落とし、熱湯でサッと茹でる。冷水にとって水気を切り、3〜4cm長さに切る。

2 あさりは塩水（分量外）で洗って水気を切る。鍋に入れて酒を振り、強火にかける。混ぜながら炒り煮にし、ふっくらしてきたら火を止める。

3 ボールに**A**の材料を合わせてよく混ぜる。菜の花とあさりを入れて和える。

❶ほたるいかの酢味噌がけ

春の訪れを感じさせるほたるいかは酢味噌和えにしていただきます。きゅうりを加えて作るのもおすすめです。

材料（4人分）

ほたるいか（茹でたもの）…… 8杯

A ［ だし汁 …… 100㎖
酒 …… 大さじ1
薄口醤油 …… 小さじ2

B ［ 白味噌 …… 大さじ2
酢 …… 大さじ1
てんさい糖 …… 大さじ1
みりん …… 大さじ1
からし …… 小さじ1

作り方

1 ほたるいかは目と口を取り除く。鍋に**A**の材料を合わせて火にかけ、煮立ったらほたるいかを加えて5〜6分煮る。

2 酢味噌を作る。**B**の材料を合わせてよく混ぜる。

3 器にほたるいかを盛り付け、酢味噌をかける。

❹ 一寸豆の青煮

「青煮」とは青野菜の色味を生かした煮物のこと。甘辛くてどこか懐かしい味わいに心がほっこりとします。

材料（4人分）

空豆 …… 12粒

A［ 水 …… 50㎖
てんさい糖 …… 75g
塩 …… 少々 ］

作り方

1 空豆はさやから出して水に浸す。塩（分量外、水500㎖に対して塩小さじ1・1/2）を入れた熱湯で2分半〜3分茹でる。

2 鍋にAの材料を入れて火にかけ、煮立ったら空豆を加えてやわらかくなるまで煮る。

❸ 豆腐の味噌漬け

味噌に漬け込むことで、まるでチーズのような食感とコクに仕上がります。お酒の肴に最適です。

材料（4人分）

木綿豆腐 …… 1丁
西京味噌 …… 500g
みりん …… 大さじ1
酒 …… 大さじ2

作り方

1 木綿豆腐はキッチンペーパーで包み、電子レンジで2〜3分加熱する。

2 西京味噌にみりん、酒を少しずつ加えて混ぜ合わせてペースト状にし、密閉容器に入れる。

3 2にキッチンペーパーで水気をよく切った豆腐を入れ、冷蔵庫で4〜5日漬ける。固くなり、やや茶色になったら食べ頃となる。

鮭の田楽味噌焼き竹皮包み

白玉味噌は田楽やディップにも合うので、多めに作っておくと便利。密閉容器に入れて冷蔵庫で1〜2ヶ月保存できます。

材料（4人分）

生さけ …… 200g
塩 …… 少々
酒 …… 少々
しいたけ …… 8枚
茹でたけのこ …… 200g

吸い地

［ だし汁 …… 350㎖
薄口醤油 …… 大さじ1
みりん …… 小さじ1
酒 …… 小さじ1/4 ］

白玉味噌

［ 西京味噌 …… 500g
卵黄 …… 4個分
てんさい糖 …… 100g
みりん …… 100㎖
だし汁 …… 200㎖
酒 …… 200㎖ ］

竹皮 …… 4枚

作り方

1 生さけはひと口大に切り、塩、酒を振る。しいたけは軸を除いて二等分に切る。竹皮は水で戻して水分を拭き取る。

2 茹でたけのこは食べやすい大きさに切る。だし汁を火にかけ、薄口醤油、みりん、酒で調味した吸い地で7〜8分蒸し煮にする。

3 白玉味噌を作る。鍋に材料を入れて混ぜ合わせる。中火にかけ、2/3量になるまで練り合わせる。粗熱を取る。

4 竹皮を船形に折り、さけ、しいたけ、たけのこを盛り付けて白玉味噌をのせる。180℃に予熱したオーブンで約15分焼く。

パルミジャーノピータン豆腐の三種和え

ピータンとチーズに淡泊な豆腐を取り合わせた中華風の和え物。ハードタイプのチーズとの相性が良いです。

材料（4人分）

ピータン …… 1個
パルミジャーノ・レッジャーノ
　…… 50g
木綿豆腐 …… 1/2丁
ザーサイ …… 大さじ3
干し海老 …… 大さじ2
あさつき（小口切り）
　…… 大さじ1
生姜（みじん切り）…… 大さじ1
胡麻油 …… 小さじ1
てんさい糖 …… 小さじ1
塩 …… 小さじ1/2
ワンタンの皮 …… 4枚

作り方

1 ピータンは八つ割りにし、横3等分にする。パルミジャーノ・レッジャーノは2mm厚さに切る。木綿豆腐はキッチンペーパーに包み、重しをのせて軽く水気を切る。ザーサイはみじん切りにして軽く水洗いする。干し海老は熱湯に10分ほど浸け、みじん切りにする。

2 ボールに豆腐を粗く崩しながら入れ、ピータン、ザーサイ、干し海老、あさつき、生姜を加えて混ぜ合わせる。胡麻油、てんさい糖、塩を加えて混ぜる。パルミジャーノ・レッジャーノを加えて軽く混ぜ合わせる。冷蔵庫で冷やす。

3 提供する直前に冷蔵庫から出し、器に盛り付ける。揚げたワンタンの皮を添える。

うどと生麩の含め煮

火を止めた後、冷ましながら味を染み込ませるのがコツです。

材料（4人分）

うど …… 1本
酢 …… 小さじ1
水 …… 200㎖
生麩 …… 200g
海老（大）…… 8尾
A ［ だし汁 …… 200㎖
　みりん …… 大さじ2
　薄口醤油 …… 大さじ1 ］

作り方

1 うどは5cm長さに切って皮を厚めにむく。酢と水を合わせ、うどをさらす。生麩は1.5cm幅に切る。海老は殻をむいて背ワタを抜く。

2 鍋に**A**の材料を入れて煮立て、うど、生麩を加えて中火で約5分煮る。うどがやわらかくなったら海老を加え、1〜2分煮て火を止める。粗熱を取って味を含ませる。

献立アレンジ

鶏つくねを裏漉ししたかぼちゃで包んで蒸した**「栗かぼちゃまんじゅう」**。葛餡をかけ、おろし生姜をたっぷりかけていただきます。

ちらし寿司

おもてなし料理のほかにも、雛祭りや入学式などのお祝い事にぴったりです。

材料（5合分）

米 …… 5合
昆布（2cm四方）…… 1枚
蒸し海老 …… 6〜8尾
蒸し穴子 …… 1/2尾
にんじん …… 40g
れんこん …… 30g
干しいたけ …… 4〜5枚

A
米酢 …… 100㎖
てんさい糖 …… 大さじ2
塩 …… 小さじ1

B
酒 …… 大さじ1・1/2
てんさい糖 …… 大さじ1・1/2
醤油 …… 大さじ1・1/2
干しいたけの戻し汁 …… 200㎖

卵 …… 2個

C
てんさい糖 …… 小さじ1
酒 …… 少々
塩 …… 少々

サラダ油 …… 適量
桜でんぶ …… 適量
木の芽 …… 適量

作り方

1 米はといで炊飯器に入れ、目盛りよりもやや少なめの水（分量外）と昆布を入れて炊く。

2 蒸し海老は殻をむいて食べやすい大きさに切る。蒸し穴子は1cm幅に切る。にんじんは細切りにする。れんこんは薄いいちょう切りにし、酢水（分量外）に浸して水気を切る。干しいたけは水で戻し、石突きを落として薄切りにする。

3 飯台に炊いたご飯を入れ、Aの材料を加えて切るようにして混ぜる。調味料がなじんだら風をあてて冷まし、濡らした布巾をかぶせておく。

4 鍋にBの材料を加えて火にかける（戻し汁が足りない場合は水を足して調整する）。煮立ったらにんじん、れんこん、干しいたけを加え、水分が少なくなるまで5分ほど炒め煮にする。火を止め、しばらく置いて味をなじませる。

5 錦糸卵を作る。ボールに卵を割りほぐし、Cの材料を加えてよく混ぜる。フライパンにサラダ油を中火で熱し、薄焼きとなる分量の卵液を入れて卵液が均一になるように広げる。縁が乾いたら火を止め、裏返して弱火で焼く。残りの卵液も同様に焼く。粗熱を取り、細切りにしてほぐす。

6 3に汁気を切った4を加え、ざっくりと混ぜ合わせる。

7 器に6を盛り、錦糸卵を散らす。海老、穴子、桜でんぶ、木の芽をバランスよくのせる。

桜豆乳プリン

花びら形のゼリーと豆乳プリンの2種の味わいを楽しみます。

材料（4人分）

ゼリー
グレナデンシロップ …… 30㎖
水 …… 100㎖
てんさい糖 …… 小さじ1
レモン汁 …… 小さじ1
粉ゼラチン …… 5g

豆乳プリン
豆乳 …… 150㎖
生クリーム …… 100㎖
水 …… 50㎖
てんさい糖 …… 45g
粉ゼラチン …… 5g

イチゴ …… 4個
はちみつ …… 適量

作り方

1 ゼリーを作る。鍋にグレナデンシロップ、水、てんさい糖、レモン汁を入れて火にかけ、てんさい糖が溶けたら火を止める。粉ゼラチンを加えて混ぜながら溶かす。鍋底に氷水をあてて粗熱を取り、バッドに流し入れて冷蔵庫で6時間以上冷やし固める。

2 豆乳プリンを作る。鍋に豆乳、生クリーム、水、てんさい糖を入れて弱火にかけ、てんさい糖が溶けたら火を止める。粉ゼラチンを加えて混ぜながら溶かす。鍋底に氷水をあて、混ぜながら冷ます。

3 1のゼリーを花びら型で抜き、グラスの側面に貼り付ける。2を流し入れ、冷蔵庫で冷やし固める。

4 イチゴを半分に切り、中央を小さくくり抜く。3にのせ、くり抜いた部分にはちみつをたらす。

母の日のガーデンランチ

いつも本当にお世話になっている母に感謝の気持ちを込めて、春のあたたかな陽光の下、カジュアルランチでおもてなし。笑顔があふれるような明るいテーブルに仕上げました。

コーディネートの
POINT

いつも明るく可愛らしい母をイメージしてピンク色でコーディネート。濃いピンクのカーネーション、くすみのあるピンクのナプキンなど、色の濃淡を合わせることでエレガントな大人の雰囲気に仕上げました。

16

華やかな前菜から始まる野菜たっぷりのメニュー

母との会話の時間を楽しむために、手軽に提供ができて見映えの良い料理で献立
を作りました。前菜は色とりどりの野菜をたっぷりと使ってヘルシーに仕上げ、メイ
ンの肉料理を存分に楽しめるようにしています。

太陽の光を美しく
採り込むガラスたち

明るい自然光の下では、光を採り込んでキラキラと輝くガラスの器がよく映えます。アクリルスタンドとガラス板を組み合わせて高さを出し、前菜の器をのせました。高低差をつけることでより華やかなテーブルになります。

器やナプキンで
大人の可愛らしさを演出

アンティーク調、黒、薄紫色の3つのプレートを取り合わせ、スモーキーピンクのナプキンを添えて大人の可愛らしい雰囲気に仕上げました。母への日頃の感謝の気持ちを綴ったメッセージカードを添えます。

感謝の想いを込めた
カーネーションの花

テーブルにはこんもりと丸く束ねたカーネーションを2ヶ所に飾りました。ピンクの濃淡を組み合わせることで、おしゃれなグラデーションができあがります。

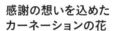

MENU

● サーモンのタルタル
● 茄子のプッタネスカソース
● 地中海風サラダ
● パプリカのポタージュ
● トマトのパルフェ
● 鶏肉とオリーブの白ワイン煮
● 抹茶ババロア

おすすめのワイン

乾杯はアロマティックで口当たり豊かな「モエ・エ・シャンドン」のロゼシャンパン（右）で。やや甘めなので氷を入れて飲むのもおすすめ。サーモンや鶏肉には芳醇な果実味とやわらかな酸味が特徴のシャルドネ、「ムルソー」（左）を合わせます。（リストはP60参照）

サーモンのタルタル

手順が簡単で見た目も華やかなのでパーティー料理に最適。

材料（4人分）

生さけ …… 120g
じゃがいも …… 1/2個
玉ねぎ …… 1/2個
A ┌ ディル（みじん切り）
　　　 …… 小さじ2
　　 レモン汁 …… 小さじ2
　　 塩 …… 少々
　　 胡椒 …… 少々
　　 エクストラバージンオリーブ
　　└ 　オイル …… 大さじ2

エクストラバージン
　オリーブオイル …… 適量
塩 …… 適量
ディル …… 適量
ルッコラ …… 適量
レモン …… 適量

作り方

1 生さけは5mm角に切る。じゃがいもは皮をむいて5mm角に切り、電子レンジで加熱し、粗熱が取れたら冷蔵庫で冷やす。玉ねぎはみじん切りにして水にさらし、水気を切る。

2 ボールに**1**、エクストラバージンオリーブオイル以外の**A**の材料を入れて混ぜ合わせる。エクストラバージンオリーブオイルを少しずつ加え、混ぜながら乳化させて和える。

3 器にセルクルを置いて**2**をきっちりと詰め、型を取りはずす。エクストラバージンオリーブオイル、塩を振り、ディルを飾る。ルッコラ、レモンを添える。

茄子のプッタネスカソース

トマトにオリーブやアンチョビを加えたイタリアのパスタ「プッタネスカ」のソースで楽しみます。

材料（4人分）

プッタネスカソース
┌ トマト …… 2個
│ ブラックオリーブ（種なし）…… 10個
│ ケイパー …… 15g
│ アンチョビ（フィレ）…… 2枚
│ 塩 …… 適量
│ 胡椒 …… 適量
│ エクストラバージン
└ 　オリーブオイル …… 適量

長茄子 …… 2本
塩 …… 適量
パセリ …… 適量

作り方

1 トマトは種を除いて1cm角に切って塩（分量外）を振り、ザルに入れて水気を切る。ブラックオリーブとケイパーは粗みじんに切る。アンチョビは細かいみじん切りにする。

2 ボールに**1**を入れてよく混ぜ合わせ、塩、胡椒を加えて混ぜる。エクストラバージンオリーブオイルを加えて混ぜ合わせ、冷蔵庫で冷やす。

3 長茄子は焼き網に並べ、皮が真っ黒になるまで強火で焼く。氷水に浸して粗熱を取り、皮をむいて塩を振る。

4 器に長茄子を盛り付け、**2**をかけ、みじん切りにしたパセリを散らす。

地中海風サラダ

具だくさんの彩り鮮やかなサラダ。パプリカやアボカドなどお好みの食材を使ってアレンジも楽しんでください。

材料（4人分）

茹でだこ …… 80g
トマト …… 2個
玉ねぎ …… 1個
セロリ …… 1本
きゅうり …… 1本
ディル …… 2本
ブラックオリーブ（種なし）
　　…… 10個

A ┌ エクストラバージンオリーブ
　　オイル …… 50㎖
　白ワインビネガー
　　…… 50㎖
　レモン汁 …… 大さじ1
　塩 …… 小さじ2〜3
　└ 胡椒 …… 少々

作り方

1 茹でだこはひと口大に切る。トマトは湯むきして角切りにし、玉ねぎは薄切りにする。セロリの茎、きゅうりは角切りにする。セロリの葉、ディルは手でちぎる。

2 ボールに**A**の材料を入れ、乳化するまでよく混ぜ合わせる。**1**、ブラックオリーブを入れて混ぜる。

パプリカのポタージュ

鮮やかな色合いが美しいスープは、冷製にしても美味しくいただけます。

材料（4人分）

玉ねぎ …… 1/4個
赤パプリカ …… 1/2個
じゃがいも …… 1/2個
無塩バター …… 5g
コンソメスープの素（固形）
　　…… 1/2個
牛乳 …… 75㎖
塩 …… 少々
ホワイトペッパー
　　…… 少々
パセリ …… 適量

作り方

1 玉ねぎ、赤パプリカ、じゃがいもは薄切りにする。

2 鍋に無塩バターを入れて中火で溶かし、玉ねぎをしんなりするまで弱火で炒める。赤パプリカ、じゃがいもを加えてふたをし、じゃがいもがやわらかくなるまで中火にかける。水分がなくなったら適宜少量の水を足して焦げないように調整する。

3 **2**をフードプロセッサーに入れ、なめらかになるまで撹拌する。目の細かいザルで漉しながら鍋に入れ、コンソメスープの素、牛乳を加えて混ぜ、弱火にかける。塩、ホワイトペッパーで調味する。

4 器に注ぎ入れ、みじん切りにしたパセリを飾る。

献立アレンジ

牛乳、ヨーグルトと一緒に撹拌した桃に、アールグレイのジュレを浮かべた**「白桃の冷製スープ」**も爽やかな味わいです。

鶏肉とオリーブの白ワイン煮

鶏肉は皮をしっかりと焼くことで旨みを閉じ込め、香ばしい風味を楽しめます。

材料（4人分）

鶏もも肉 …… 2枚
塩 …… 小さじ1
にんにく …… 2片
イタリアンパセリ …… 適量
エクストラバージンオリーブオイル …… 大さじ1

白ワイン …… 200㎖
水 …… 100㎖
グリーンオリーブ（種なし）…… 70g
ケイパー …… 大さじ1
ピンクペッパー …… 適量

作り方

1 鶏もも肉は1枚を4等分に切り、塩を振る。にんにくは粗みじんに切る。イタリアンパセリ
　は手でちぎる。
2 鍋にエクストラバージンオリーブオイル、にんにくを入れて熱し、鶏肉を皮目を下にして中
　火で約10分焼く。
3 きつね色になったら返し、白ワイン、水を加える。グリーンオリーブ、ケイパーを加え、鍋
　底の旨みを木べらでこそげ落とすようにして、とろ火で15分ほどふたをして煮る。時々様
　子を見て、水分がなくなったら適宜水を足して焦げないように調整する。
4 器に盛り、イタリアンパセリ、ピンクペッパーを散らす。

献立アレンジ

メインを豚肉にする場合は、こんがりと焼いた後、トマトソースとブイヨンでじっくり煮込んだレモン風味の**「豚ロースとキャベツの煮込み」**はいかがでしょうか。

トマトのパルフェ

シャーベット状にしたトマトで爽やかに口直しを。ウォッカを効かせて少し大人の味わいに仕上げます。

材料（4人分）

トマト …… 1個

A ［ シェリービネガー
　　　…… 少々
　 ウォッカ …… 小さじ2
　 エクストラバージンオリーブ
　 オイル …… 小さじ1 ］

塩 …… 適量

ミント …… 適量

作り方

1 トマトは湯むきして種をとり、ざく切りにする。
2 ボールにトマト、**A**の材料を入れて混ぜ合わせ、塩で調味する。バットに入れて冷凍庫で凍らせる。
3 数回混ぜ合わせてから器に盛る。ミントを飾る。

抹茶ババロア

軽い口当たりが食後にぴったりのデザート。抹茶の心地よい苦みと香りを感じられます。

材料（4人分）

ババロア

［ 抹茶（粉末）…… 小さじ1
　 粉ゼラチン …… 7g
　 水 …… 大さじ1
　 牛乳 …… 300㎖
　 てんさい糖 …… 50g
　 生クリーム …… 150㎖ ］

ホイップクリーム

［ 生クリーム …… 50㎖
　 てんさい糖
　　　…… 小さじ1 ］

桜の塩漬け …… 4個

作り方

1 抹茶は漉し器でふるう。粉ゼラチンは水に浸けてふやかしておく。桜の塩漬けは湯に浸けて塩分を抜き、水分を取る。
2 ホイップクリームを作る。ボールに材料を合わせて泡立てる。
3 ババロアを作る。鍋に牛乳を入れて火にかけ、沸騰する直前で火を止め、抹茶、てんさい糖を加える。抹茶がダマにならないようによく混ぜる。
4 3をボールに移し、ゼラチンを加えてよく混ぜる。粗熱が取れたら生クリームを加えて混ぜ、グラスに流し入れて冷蔵庫で冷やし固める。
5 ホイップクリームをのせ、桜の塩漬けを飾る。

献立アレンジ

肌寒い日には、牛乳に生姜の絞り汁、はちみつ、レモン汁を入れた**「生姜のプディング」**を作って体をあたためます。

友人たちとのハイティー

気心の知れた友人たちとの久々の再会は、
気軽なハイティーにして自分自身もめいっぱい楽しみましょう。
紅茶と軽食、手作りのお菓子とともに会話が弾みます。

MENU
- ● ウェルカムティー
- ● ティーパンチ
- ● ティーサンド（スモークサーモン／
　キューカンバー／エッグ）
- ● スコーン（紅茶／レーズン）
- ● ミックスベリーのタルトレット
- ● クルミの白トリュフクッキー
- ● バニラのサブレ

丁寧に淹れた紅茶を軽食と一緒に楽しむ

春のティーパーティーは冷たいウェルカムティーでお出迎えをして、到着したばか
りのゲストの喉をうるおしてさしあげます。軽いランチとお茶を兼ね、サンドイッチや
スコーン、タルトやクッキーなどのスイーツを用意します。

コーディネートのPOINT

肩肘を張らずにゲストに楽しんでいただけるように、コーディネートは白を基調にして春の陽光が差し込む明るい雰囲気のテーブルに。オールドノリタケの器で揃えてエレガントに仕上げました。

家紋がアクセントの
シンプルなプレート

爽やかな春らしく、淡い色合いを取り合わせました。家の替紋が付いたブルーの器はどんなスタイリングにも合わせやすく、私のお気に入りです。オールドノリタケの器をのせてエレガントに。

春の緑を取り入れた
爽やかなアレンジ

白のトルコキキョウをベースに、青りんごやグリーンをたくさん入れ込んだ春らしい爽やかなアレンジでお出迎えします。

透明のガラスの器で果物の彩りを楽しむ

カラフルなティーパンチは大きなガラスの器に盛り付けて、目でも楽しんでいただきます。グラスも透明で涼しげなものを選びました。

紅茶を一層美味しくするエレガントなティーセット

ティーセットをひとつ揃えておくと昼間のおもてなしに便利です。シンプルなツタの模様が美しいオールドノリタケは私のお気に入り。シルバー製のティーセットは祖父母から譲り受けたものです。

ウェルカムティー

層が美しいセパレートティーはかき混ぜてからいただきます。

材料（1杯分）

基本のアイスティー
（P32参照）…… 50㎖
グレナデンシロップ
…… 20㎖
氷 …… 適量
100%オレンジジュース
…… 30㎖

作り方

1 基本のアイスティーを作る。
2 グラスにグレナデンシロップを注ぎ、氷をグラスいっぱいに入れる。オレンジジュース、1を順に氷に当てながら静かに注ぎ入れる。

ティーパンチ

グレープフルーツ、パイナップル、メロン、りんごなどの香り高いフルーツを3種類以上使って作ります。

材料（4杯分）

基本のアイスティー
（P32参照）…… 400㎖
てんさい糖 …… 50g
お好みのフルーツ
…… 適量
炭酸水 …… 200㎖
ミント …… 適量

作り方

1 てんさい糖を加えた基本のアイスティーを作る。
2 器に食べやすい大きさに切ったフルーツを入れる。1を加え、冷蔵庫で1時間以上冷やす。
3 炭酸水を注いで軽くかき混ぜる。ミントを飾る。

スモークサーモンのティーサンド

食べやすく、見た目も華やかなサンドイッチ。クリームチーズにパセリを加えて作るのもおすすめです。

材料（4人分）

スモークサーモン …… 6枚
食パン（サンドイッチ用・
　みみなし）…… 6枚
クリームチーズ …… 60g
ディル …… 適量
レモン …… 適量

A ［白ワインビネガー
　　…… 小さじ1/3
　レモン汁 …… 少々
　塩 …… 適量
　胡椒 …… 適量

作り方

1 Aの材料を混ぜ合わせ、スモークサーモンに振って冷蔵庫で30分ほどなじませる。キッチンペーパーで水分を取る。
2 3枚の食パンにクリームチーズを厚めに塗り、スモークサーモンを2枚ずつ並べる。パンよりもひと回り大きく切ったラップの上にそれぞれパンをのせ、クリームチーズを塗ったパンをかぶせる。ラップごと手前からロール形に巻き、形が落ち着くまで置く。ひと口大に切る。
3 器に盛り、ディル、レモンの輪切りを添える。

ティーサンド

きゅうりと卵のシンプルなサンドイッチは、皆が大好きな定番中の定番です。

❷ エッグサンドイッチ

茹で卵は白身と黄身に分けて、白身はみじん切りに、黄身はなめらかに裏漉しするのがポイントです。

材料(4人分)

卵 …… 2個
あさつき …… 2本
マヨネーズ …… 大さじ2
塩 …… 適量
胡椒 …… 適量
食パン (サンドイッチ用・みみなし) …… 4枚
有塩バター …… 適量
粒マスタード …… 適量

作り方

1 鍋に卵、かぶるくらいの水を入れて中火にかける。沸騰したら弱火にし、8分茹でる。白身は細かいみじん切りにし、黄身は裏漉しする。
2 ボールに1の白身、黄身、小口切りにしたあさつきを入れて混ぜ合わせ、マヨネーズ、塩、胡椒で調味する。
3 2枚の食パンに有塩バターを塗り、それぞれに2をのせる。粒マスタードを塗ったパンをそれぞれにかぶせ、ラップに包んで形が落ち着くまで置く。4等分に切る。

❶ キューカンバーサンドイッチ

きゅうりと粒マスタードが相性抜群。きゅうりのフレッシュな味わいを楽しんでください。

材料(4人分)

きゅうり …… 1本
塩 …… 適量
食パン (サンドイッチ用・みみなし) …… 4枚
有塩バター …… 適量
胡椒 …… 適量
粒マスタード …… 適量
貝割れ菜 …… 適量

作り方

1 きゅうりは食パンの長さに合わせて切り、縦に薄切りにする。塩を振ってしんなりとしたらキッチンペーパーで水分を取る。
2 2枚のパンに有塩バターを塗り、それぞれにきゅうりを少しずつずらしながら並べ、胡椒を振る。粒マスタードを塗ったパンをそれぞれにかぶせ、ラップに包んで形が落ち着くまで置く。4等分に切る。
3 器に盛り、貝割れ菜を添える。

紅茶のスコーン

紅茶と茶葉を焼き込んだ香り高いスコーン。たっぷりのミルクティーと召しあがれ。

材料（直径4cmの丸型8個分）

紅茶液 …… 大さじ1〜2
- 水 …… 200㎖
- 紅茶の葉 …… 10g

無塩バター …… 50g
てんさい糖 …… 30g

A
- 薄力粉 …… 200g
- ベーキングパウダー …… 小さじ2
- 塩 …… ひとつまみ

紅茶の葉 …… 大さじ1
牛乳 …… 35㎖
卵黄 …… 50g
強力粉（打ち粉用）…… 適量

塗り卵
- 卵黄 …… 1/2個分
- 牛乳 …… 60㎖

作り方

1 紅茶液を作る。鍋に水、紅茶の葉を入れて火にかけ、煮出して漉す。

2 ボールに無塩バター、てんさい糖を入れ、バターにてんさい糖をまぶしながらカードなどで切るように混ぜる。

3 2に合わせたAの材料をふるい入れ、手をすり合わせながらパウダー状になるまで混ぜる。紅茶の葉を加えて混ぜ、牛乳、卵黄、紅茶液を加えて混ぜ合わせる。生地をまとめる。

4 台の上で3を伸ばし、打ち粉をした型で抜く。クッキングシートを敷いた天板に並べ、材料を混ぜ合わせた塗り卵を塗る。200℃に予熱したオーブンで約13分焼く。

レーズンのスコーン

ラム酒漬けのレーズンを使うことで風味がアップし、香り高い大人の味わいに仕上がります。

材料（直径4cmの丸型8個分）

無塩バター …… 55g
てんさい糖 …… 30g

A
- 薄力粉 …… 225g
- ベーキングパウダー …… 小さじ2・1/2
- 塩 …… 小さじ1/4

牛乳 …… 100㎖

卵黄 …… 1個分
レーズンのラム酒漬け …… 50g
ラム酒 …… 小さじ1・1/2
強力粉（打ち粉用）…… 適量

塗り卵
- 卵黄 …… 1/2個分
- 牛乳 …… 60㎖

作り方

1 ボールに無塩バター、てんさい糖を入れ、バターにてんさい糖をまぶしながらカードなどで切るように混ぜる。

2 1に合わせたAの材料をふるい入れ、手をすり合わせながらパウダー状になるまで混ぜる。

3 2に牛乳、卵黄を加えて軽く混ぜ合わせる。まだ粉が残っている部分にレーズンのラム酒漬け、ラム酒を加えて混ぜ合わせ、生地をまとめる。

4 台の上で3を伸ばし、打ち粉をした型で抜く。クッキングシートを敷いた天板に並べ、材料を混ぜ合わせた塗り卵を塗る。200℃に予熱したオーブンで約13分焼く。

ミックスベリーのタルトレット

手に取って食べやすいミニタルト。四季折々のフルーツを使ってアレンジできるのも楽しいです。

材料（直径5cmタルト型15個分）

アーモンドクリーム
- アーモンドパウダー …… 50g
- 無塩バター …… 50g
- てんさい糖 …… 50g
- 卵 …… 40g

タルト台（直径5cm・市販）
…… 15個

カスタードクリーム
- 卵黄 …… 3個分
- てんさい糖 …… 60g
- 薄力粉 …… 20g
- 牛乳 …… 250㎖
- 無塩バター …… 20g
- キルシュ酒 …… 小さじ1

ベリージュレ
- 粉ゼラチン …… 5g
- 水 …… 大さじ2
- ミックスベリー（冷凍）
…… 150g
- いちごジャム …… 大さじ3
- レモン汁 …… 大さじ1

作り方

1　アーモンドクリームを作る。アーモンドパウダーは170℃に予熱したオーブンで約10分焼いて冷まし、無塩バターは常温に戻しておく。ボールにバターを入れ、クリーム状になるまで練る。てんさい糖を加えてよく混ぜ合わせ、卵、アーモンドパウダーを順に加えて混ぜる。

2　タルト台に**1**を3/4高さまで入れ、表面をならす。180℃に予熱したオーブンで約10分焼き、160℃に下げてさらに10分焼く。

3　カスタードクリームを作る。ボールに卵黄、てんさい糖を入れて混ぜ合わせ、ふるった薄力粉を加えて混ぜる。70℃に温めた牛乳を少しずつ加えて混ぜ合わせる。漉しながら鍋に入れ、木べらでかき混ぜながらなめらかになるまで中火にかける。焦げないように注意。火からおろし、無塩バター、キルシュ酒を加えて混ぜ合わせる。

4　ベリージュレを作る。鍋に粉ゼラチン、水を入れて火にかけて溶かす。ボールに解凍したミックスベリー、いちごジャム、レモン汁、溶かしたゼラチンを入れて混ぜ合わせる。

5　**2**のタルト台に**3**をのせ、**4**を流し入れる。冷蔵庫で3時間以上冷やす。

クルミの白トリュフクッキー

ほろりとした食感がクセになる味わい。カリッ
と焼いたクルミがアクセントになっています。

材料（4人分）

クルミ …… 6個
無塩バター …… 100g
A
┌ 小麦粉 …… 150g
│ 粉砂糖 …… 40g
│ バニラエッセンス
│　　…… 小さじ1
└ 塩 …… 少々
粉砂糖 …… 適量

作り方

1 クルミはフライパンでから炒りし、みじん切り
　にする。

2 ボールに無塩バターを入れ、泡立て器でク
　リーム状にする。**A**の材料を順に加えてざっく
　りと混ぜ、**1**を加えて混ぜ合わせる。生地をま
　とめ、ラップに包んで冷蔵庫で30分休ませる。

3 生地を直径2㎝に丸め、クッキングシートを
　敷いた天板に間隔を空けて並べる。180℃
　に予熱したオーブンで20分ほど焼く。

4 全体に粉砂糖をまぶす。

献立アレンジ

白胡麻と黒胡麻を
たっぷりと練り込ん
で焼き上げた香ば
しい**「胡麻サブレ」**
もおすすめです。

バニラのサブレ

バニラビーンズがほのかに香る飽きのこないクッキーです。

材料（4人分）

薄力粉 …… 120g
ベーキングパウダー …… 小さじ1/4
無塩バター …… 60g
卵黄 …… 1個分
バニラビーンズ …… 1/3本
てんさい糖 …… 40g
強力粉（打ち粉用）…… 適量
グラニュー糖 …… 大さじ1

作り方

1 薄力粉とベーキングパウダーを合わせてふるう。無塩バターと卵黄は常温に
　戻す。バニラビーンズは包丁で縦に割き、スプーンで中身をしごき出す。オー
　ブンは180℃に予熱する。

2 ボールにバターを入れ、泡立て器でクリーム状にする。てんさい糖を3回に
　分けて加え、白っぽい状態になるまで混ぜたらバニラビーンズ、卵黄を順に
　加え、泡立て器でむらなく混ぜ合わせる。**1**の粉類をふるい入れてざっくりと
　混ぜる。生地をまとめ、手の平で押して空気を抜く。

3 **2**を2等分にし、打ち粉をした台の上で転がしてそれぞれ直径3㎝の筒状に整
　える。ラップに包み、冷蔵庫で約1時間休ませる。

4 バットにグラニュー糖を敷き、**3**を転がしてまぶしつける。3㎝厚さに切り、
　クッキングシートを敷いた天板に並べる。オーブンを170℃に下げて8〜10
　分焼く。

美味しい紅茶の淹れ方

食事の締めくくりや、軽食とともに楽しむハイティーには、紅茶を飲んでリラックスしていただきましょう。淹れ方のポイントを覚えておくと、どなたでも美味しい紅茶を淹れられます。

基本のリーフティー

しっかりと沸かしたお湯を使って、茶葉と熱湯の量、蒸らし時間をはかることがポイントです。

淹れ方

1 ポットとカップは熱湯を注いで温めておきます。
2 ポットの中のお湯を捨てて、ティースプーンで人数分の茶葉を入れます。細かい茶葉はすりきり1杯、大きな茶葉は大盛り1杯を1人分の目安にします。(写真2)
3 完全に沸騰したお湯を少し高めの位置からポットに勢いよく注ぎ、すぐにふたをします。お湯の量はティースプーン1杯あたり150～180㎖を目安にします。
4 ポットにティーコージーをかぶせ、茶葉を蒸らします。細かな茶葉は2～5分、大きな茶葉は3分以上を目安にして時間をはかります。(写真3)
5 ポットの中をスプーンで軽く混ぜ、茶漉しで漉しながらカップに注ぎます。濃さが均一になるように最後の1滴まで注ぎ分けます。

1 我が家に受け継がれているシルバーのティーセットは、イギリスに駐在していたことのある祖父母から受け継いだもの。鮮やかな赤色が美しいオールドノリタケのティーセットは和洋のテーブルを問わずに合わせられるので、いろいろなパーティーで重宝しています。

基本のアイスティー

冷水で抽出すると苦み成分のタンニンが少なくなり、すっきりとした味わいになります。フルーツとの相性が良いニルギリや、渋みが少ないジャワなどの茶葉がおすすめです。

淹れ方

1 ふた付きの容器にティーバッグを入れて冷水を注ぎます。水280㎖に対してティーバッグ1袋が目安です。
2 冷蔵庫で6時間以上冷やします。ティーバッグを取り除いて完成です。

アレンジティー

あたたかな日のパーティーは、層が美しいセパレートティーでゲストをお出迎えします。写真右は、グラスにメープルシロップ、氷を入れて、牛乳と基本のアイスティーを注いだもの。左は、グラスにグレープフルーツジュースシロップ(100％グレープフルーツジュース30㎖に対しガムシロップ20㎖を合わせたもの)、氷を入れて、基本のアイスティーを注いだものです。(P27も参照)

美味しさがワンランクUP!

Chapter.2

夏の
おもてなし

Summer

暑い夏は、透明感のある涼しげな
コーディネートと、夏野菜を使った
爽やかな料理でおもてなしをします。
夏にぴったりのイタリアンや
エスニック、カジュアルにいただける
フィンガーフードをご紹介します。

初夏のイタリアンディナー

梅雨から初夏の時期は、これから始まる本格的な夏に思いを馳せながら、ハーブや夏野菜を使った爽やかなイタリアンでおもてなしをします。地中海の海辺にいる気分で楽しんでいただきましょう。

コーディネートの
POINT

イタリアの海辺のリゾートをイメージしたコーディネート。鮮やかなブルーのクロスにガラスやホワイトの器を合わせて、青い海と白い波を表現しました。はっきりとした色調のクロスは、料理の色味が引き立ちます。

MENU

- 冷たいとうもろこしのスープ
- 帆立貝と焼き茄子のタルタル
- サーモンのマリネ りんごのピュレ添え
- 赤ピーマンとモッツァレラの
  冷製ファルファッレ
- かじきのカツレツ
- グリッシーニ
- 手作りリコッタチーズとトマトジャム
- バナナアイスクリーム

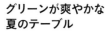

濃淡がエレガントな紫陽花

テーブルフラワーには梅雨の時期に美しい紫陽花をこんもりと飾ります。ブルーの濃淡を組み合わせてグラデーションにし、エレガントな雰囲気に仕上げました。

グリーンが爽やかな夏のテーブル

テーブルセンターには利久草を飾り、爽やかな初夏の雰囲気を演出。献立は薄手の和紙に手書きして、シャンパングラスに入れました。

夏を演出するトーキンググッズ

スタイリングに立体感を出したい時はアクリルスタンドが大活躍。たくさんの紫陽花を詰め込みました。貝殻や石を飾って浜辺の雰囲気を演出しています。

キラキラと輝くガラスの器たち

2種の前菜は小さなグラスに盛り付けて提供します。スレートは小皿をのせても、そのまま料理を盛り付けてもお洒落に見せられるので、1枚揃えておくとおもてなしに重宝します。

おすすめのワイン

イタリアのトレンティーノやドイツのラインガウの辛口の白ワインは、すっきりと飲めるので夏にぴったり。ほろ苦さとフレッシュな酸味はイタリアンやチーズとの相性が抜群です。（リストはP60参照）

暑い夏にぴったりの爽やかなイタリアン

冷製のスープやパスタ、ハーブを使った料理など、爽やかな味わいのイタリアンで
夏の涼を感じていただきます。グリッシーニやリコッタチーズ、ジャムも手作りして、
より真心のこもったおもてなしをします。

冷たいとうもろこしのスープ

夏にぴったりの冷製スープ。塩のみで調味した自然の味わいが美味です。

材料（4人分）

とうもろこし …… 1本　　生米 …… 小さじ1
ポロねぎ …… 1/4本　　水 …… 適量
エクストラバージンオリーブ　　エクストラバージンオリーブ
　オイル（炒め用）　　　　　　オイル（仕上げ用）
　…… 大さじ1〜2　　　　　　…… 適量
塩 …… 適量

作り方

1 とうもろこしは皮を取って実を取り出す。ポロねぎは薄切りにする。
2 鍋にエクストラバージンオリーブオイルを熱し、軽く塩を振ったポロねぎを入れて焦げないように炒める。しんなりとしたらとうもろこし、生米を加えてさらに炒める。
3 全体がなじんだらひたひたよりも少し多めの水を加え、米に火が通るまで煮る。水分が足りなくなったら適宜水を足す。飾り用のとうもろこしを取り出す。
4 3をミキサーにかけ、漉して皮を取り除く。粗熱を取り、冷蔵庫で冷やす。
5 器に流し入れ、とうもろこしを飾る。エクストラバージンオリーブオイルを回しかける。

帆立貝と焼き茄子のタルタル

材料をすべて細かく切って舌ざわりの良いタルタル仕立てに。冷やした白ワインとよく合います。

材料（4人分）

茄子 …… 2本
帆立貝柱（生食用）…… 6個
ブロッコリー …… 70g
塩 …… 適量
ケイパー …… 15g
玉ねぎ …… 1/2個
エクストラバージン
　オリーブオイル …… 大さじ1
A［
　レモン汁
　　…… 小さじ2
　塩 …… 小さじ1/3
　白胡椒 …… 適量
　コリアンダーパウダー
　　…… 少量
］
うずらの卵の卵黄 …… 4個分
バケット …… 適量

作り方

1 茄子は焼き網で皮が黒くなるまで焼く。氷水に浸けて冷まし、水気を切って皮をむき、5㎜角に切る。帆立貝柱は5㎜角に切る。ブロッコリーは小房に分けて塩で茹でる。ブロッコリー、ケイパー、玉ねぎをみじん切りにする。
2 ボールに1の材料とエクストラバージンオリーブオイルを入れ、Aの材料を加えて混ぜ合わせる。
3 器に盛り付け、中央にうずらの卵の卵黄をのせる。薄く切って焼いたバケットを添える。

サーモンのマリネ りんごのピュレ添え

ホースラディッシュを加えたりんごのピュレは、甘辛い大人の味わいです。

材料（4人分）

りんごのピュレ
- りんご …… 2個
- ホースラディッシュ …… 小さじ1
- 白ワイン …… 300㎖

スモークサーモン …… 12枚
エクストラバージン
　オリーブオイル …… 少々
イタリアンパセリ …… 適量

作り方

1 りんごは皮をむいて2㎝角に切る。ホースラディッシュは皮をむいてすりおろす。

2 りんごのピュレを作る。鍋にりんご、白ワインを入れて火にかけ、沸騰させてアルコールを飛ばし、ふたをしてごく弱火で20分煮る。竹串を刺してやわらかくなったら火を止める。

3 2をミキサーにかけ、ややもったりとしたピュレ状にする。ボールに移し、ホースラディッシュを加え、なめらかになるまで混ぜ合わせる。氷にあてて冷ます。

4 スモークサーモンを器に盛り付け、3をかける。エクストラバージンオリーブオイルを回しかけ、イタリアンパセリを飾る。

献立アレンジ

野菜料理の時は、カリフラワーを茹でて汁ごと使ったババロアに、枝豆と空豆のソースを添えた**「カリフラワーのババロア仕立て」**を。

赤ピーマンとモッツァレラの冷製 ファルファッレ

白ワインとの相性が抜群の冷製パスタ。赤ピーマンは直火でしっかりと焼くことがポイントです。

材料（1人分）

赤ピーマン …… 1/2個
モッツァレラチーズ …… 12個
玉ねぎ …… 1/4個
バジル …… 1枚
エクストラバージン
　オリーブオイル …… 適量

トマトソース（市販）
　…… 大さじ2
水 …… 大さじ4
ファルファッレ …… 12個
塩 …… 適量

作り方

1 赤ピーマンは直火の強火で真っ黒になるまで焼く。氷水に浸けて焦げた部分をむき取り、薄切りにする。モッツァレラチーズは1㎝角に切る。玉ねぎは薄切り、バジルは千切りにする。

2 鍋にエクストラバージンオリーブオイルを薄く熱し、玉ねぎを中火で炒め、しんなりとしたら弱火にしてよく炒める。赤ピーマンを加えて炒め、トマトソース、水を加えてさらに炒める。

3 ファルファッレは熱湯で8分茹で、オリーブオイルを絡める。冷蔵庫で冷やす。

4 ボールに2、モッツァレラチーズ、バジル、ファルファッレを入れ、オリーブオイルを回しかけてさっと混ぜ合わせる。塩で調味する。

かじきのカツレツ

パルミジャーノ・レッジャーノの風味が香ばしいイタリア風の
カツレツは、夏場でもさっぱりといただけます。

材料（4人分）

A ┌ エクストラバージン 　　オリーブオイル 　　…… 大さじ2 　　白ワインビネガー 　　…… 大さじ1 　└ 粒マスタード …… 小さじ2	かじき …… 4切れ 塩 …… 適量 パルミジャーノ・レッジャーノ 　…… 30g パン粉 …… 適量 溶き卵 …… 適量
ミニトマト …… 適量 ルッコラ …… 適量 レモン …… 適量	発酵バター …… 大さじ4 セージ（乾燥） 　…… 10g・お好みで

作り方

1 付け合わせを作る。ボールに**A**の材料を入れて混ぜ合わせ、
　半分に切ったミニトマト、ルッコラを加えて和える。レモンは
　半月切りにして皮をむく。

2 かじきは片面に塩を振り、両面にパルミジャーノ・レッジャー
　ノをまぶす。パン粉、溶き卵、パン粉の順に衣をつける。

3 フライパンに発酵バターを熱し、セージ（お好みで）、**2**を入
　れ、両面を強火できつね色になるように焼く。キッチンペー
　パーで余分な油分を取る。

4 器に盛り付け、**1**を添える。

献立アレンジ

肉料理の場合は、に
んにくや大葉を加え
た香り高い西京味噌
に6時間漬け込んで
焼いたやわらかな「も
ち豚の西京焼き」を。

グリッシーニ

「グリッシーニ」はナポレオンも愛したといわれる細長い棒状
のパン。食前酒のおつまみとしてもぴったりです。

材料（30本分）

強力粉 …… 125g	ラード …… 30g
薄力粉 …… 125g	エクストラバージン
水 …… 150mℓ	オリーブオイル …… 15g
塩 …… 5g	キャラウェイシード …… 大さじ2
ドライイースト …… 10g	強力粉（打ち粉用）…… 適量

作り方

1 ボールに強力粉、薄力粉を入れ、中央にくぼみを作って水、
　塩、ドライイーストを入れて溶く。くぼみにラード、エクストラ
　バージンオリーブオイル、キャラウェイシードを加え、粉を崩
　しながら手でよく混ぜて生地をまとめる。

2 打ち粉をした台に生地をのせ、打ち粉をしながら生地が手に
　つかなくなるまでしっかりとこねる。

3 台に打ち粉をし、**2**を打ち粉をしためん棒で1cm厚さに伸ば
　す。濡れ布巾をかぶせて30℃前後の場所で30〜1時間発
　酵させる。約2倍の大きさにふくらんだら発酵完了。

4 **3**を打ち粉をしためん棒で7〜8mm厚さの好みの長さに伸ば
　す。7〜8mm幅に切り分け、たっぷりと打ち粉をする。

5 210℃に予熱したオーブンで20分を目安に焼く。

手作りリコッタチーズとトマトジャム

牛乳とレモン汁で簡単にフレッシュなチーズを作ることができます。甘さ控えめのトマトジャムを添えて。

材料（4人分）

トマトジャム
- 完熟したトマト（小）
  …… 2個
- ミント
  （バジルでも代用可）
  …… 適量
- てんさい糖 …… 30g
- 水 …… 50㎖

リコッタチーズ（約250g分）
- 牛乳 …… 1ℓ
- レモン汁 …… 1/2個分
- 塩 …… ひとつまみ
- ミント …… 適量

作り方

1 トマトジャムを作る。トマトは湯むきし、種を取り除いて細かく刻む。ミントは手でちぎる。鍋にトマト、てんさい糖、水を加えて火にかけ、とろみがついたら火を止めてミントを加えて混ぜる。冷蔵庫で30分冷やす。

2 リコッタチーズを作る。鍋に材料を入れ、よく混ぜ合わせてから中火にかける。時々木べらでかき混ぜ、沸々としてきたら沸騰しないように火を弱める。個体と液体に分離してくるので、液体の部分が完全に透き通ったら火を止めてザルにあげる。10〜15分ほど置いて水気を切り、常温に冷ます。

3 **1**と**2**をそれぞれ器に盛る。**1**にミントを飾る。

バナナアイスクリーム

牛乳を豆乳に変えたり、ココナッツミルクを加えるなど、いろいろなアレンジを楽しめます。

材料（6人分）

バナナ …… 3本
レモン汁 …… 適量
卵黄 …… 4個分
てんさい糖 …… 60g
生クリーム …… 100㎖
牛乳 …… 100㎖
プレーンヨーグルト
…… 200㎖
ラム酒 …… 適宜
バナナチップ …… 適量

作り方

1 バナナはフォークなどで粗く刻み、レモン汁を振って和える。

2 ボールに卵黄、てんさい糖を入れ、白っぽい状態になるまで泡立てる。生クリーム、牛乳、プレーンヨーグルト、お好みでラム酒を加えて混ぜ合わせ、**1**を加えて混ぜる。冷凍庫で冷やし固める。

3 少し固まってきたらフードプロセッサーで撹拌し、もう一度冷凍庫に入れる。これを2〜3回繰り返す。

4 器に盛り、バナナチップを添える。

献立アレンジ

牛乳にジャスミン茶をたっぷりと含ませて作った、爽やかで香り高い**「ジャスミンティーのプディング」**もおすすめです。

シャンパン片手にフィンガーフードパーティー

暑い夏は、キリリと冷えたシャンパンでお洒落に暑気払いを楽しみます。
ひと口で食べられるフィンガーフードをたくさん用意して、
ビュッフェスタイルで楽しく涼んでいただきましょう。

コーディネートの
POINT

ビュッフェスタイルのテーブルは料理が映えるようにシンプルに。透明感のあるグラスを使い、グリーンを飾って涼やかな雰囲気に仕上げました。器は高低差をつけて並べることでテーブルにめりはりが出ます。

42

MENU
● グリーンピースのポタージュ
● アボカドムースと紫キャベツのマリネ
● にんじんとたこのサラダ
● ミニトマトのマリネ
● 塩味のひとロパイ
　（アンチョビ／チーズ／オリーブ）
● ピンチョス（メロンと生ハム
　モッツァレラチーズ／サーモンと
　ズッキーニ）
● りんごとブルーチーズのチコリボート
● プチタルト（ツナクリーム／ペペロナータ）
● ローストビーフ

グリーンを飾り爽やかなテーブルに

各々のテーブルには利久草を飾り、爽やかな夏の風を感じていただきます。品数の多いフィンガーフードパーティーは、手書きの献立を添えておくと親切です。

パールなどの小物でリゾート感を演出

テーブルにはパールのネックレスや貝殻などを飾ります。暑い夏は、海や南国リゾートをイメージさせるような遊び心のある小物を使うのがおすすめです。

ガラスの器を使って涼しげな雰囲気に

夏のコーディネートにはガラスの器を使って透明感を出します。小さなガラスのカップには「グリーンピースのポタージュ」を盛り付けます。白い陶器の台にのせて立体感を出しました。

パーティーに大活躍のマカロンスタンド

エルキューイ・レイノーのマカロンスタンドには、ミニタルトを盛り付けます。マカロンスタンドはアフタヌーンティーだけでなく、フィンガーフードを並べるのにも大活躍します。

おすすめのワイン

多彩な料理に合わせて味わいの異なる3本の辛口のシャンパンをセレクト。ピュアで香り豊かな「アンリ・グートルブ」のロゼ（左）、イーストやハーブなどのアロマが特徴の「マーク・エブラール」（中央）、軽やかながらしっかりとしたコクをもつ「エリザベート・アプリル」（右）を楽しみます。（リストはP60参照）

パーティーにぴったりのひと口サイズのアミューズ

冷たいシャンパンと多彩なアミューズでゲストをお出迎え。手軽に食べられる料理
を用意して、ビュッフェスタイルでお好みのものを選んでいただきましょう。メインは
見た目にも豪華な「ローストビーフ」や「アクアパッツァ」を楽しんでいただきます。

グリーンピースのポタージュ

鮮やかなグリーンが目を引く冷製スープは、小さなグラスにひと口サイズでいただきます。

材料（4人分）
グリーンピース …… 100g
A ┌ 水 …… 100㎖
　├ 固形コンソメスープの素
　│ 　…… 1/2個
　└ 塩 …… 少々
牛乳 …… 100㎖

作り方
1 グリーンピースはさやから取り出し、熱湯を回しかける。
2 鍋にグリーンピース、**A**の材料を入れて火にかけ、グリーンピースがやわらかくなるまで5分ほど煮る。
3 **2**をミキサーにかけて漉す。冷蔵庫で約2時間冷やす。
4 鍋に牛乳を入れて火にかけ、沸騰する直前で火を止める。泡立て器で泡立てる。
5 **3**を器に注ぎ入れ、**4**をこんもりとのせる。

アボカドムースと紫キャベツのマリネ

赤紫とグリーンの組み合わせが見た目も華やか。アボカドのムースはわさびがアクセントになっています。

材料（4人分）
アボカドムース
┌ アボカド …… 1個
│ エシャロット（みじん切り）
│ 　…… 大さじ1
│ 練りわさび …… 小さじ2
│ マヨネーズ …… 大さじ2
│ レモン汁 …… 小さじ2
│ 塩 …… 適量
└ 胡椒 …… 適量
紫キャベツ …… 1/4個
塩 …… 適量

A ┌ 白バルサミコ酢
　│ 　…… 大さじ4
　├ フレンチ
　│ 　ドレッシング
　│ 　…… 大さじ2
　└ 塩 …… 少々
パプリカパウダー
　…… お好みで
ブラックオリーブ
（種あり）…… 4個

作り方
1 アボカドムースを作る。アボカドは縦に切って種を取って皮をむき、ボールに入れて粗くつぶす。エシャロットを加えて混ぜる。練りわさびをすり混ぜながら加え、残りの材料を加えて混ぜ合わせる。
2 紫キャベツは千切りにする。塩を振って5分置き、水分を絞ってボールに入れる。材料を混ぜ合わせた**A**を加え、味をなじませる。
3 器に**1**を入れ、**2**を盛り付ける。お好みでパプリカパウダーを振り、ブラックオリーブを飾る。

にんじんとたこのサラダ

オレンジの甘みと酸味が効いたさっぱりとした味わいのサラダは、箸休めにぴったりです。

材料（4人分）

茹でだこ …… 150g
にんじん …… 1本
クルミ …… 10g
オレンジ …… 1/2個

A
エクストラバージン
　オリーブオイル
　…… 大さじ2
白ワインビネガー
　…… 小さじ1
はちみつ …… 小さじ1/2
塩 …… 小さじ1/2
胡椒 …… 少々
イタリアンパセリ …… 適量

作り方

1 茹でだこは1cm角に、にんじんは千切りにする。クルミはフライパンで炒ってみじん切りにする。オレンジはボールに入れて薄皮をむいて1cm幅に切り、出てきた果汁は別に取っておく。
2 ボールにオレンジの果汁、**A**の材料を加えてよく混ぜ合わせる。**1**の材料を加えて和える。
3 器に盛り付け、イタリアンパセリを飾る。

ミニトマトのマリネ

赤と黄色のミニトマトを使ってカラフルに。作り置きができるのでパーティー料理に便利です。

材料（4人分）

ミニトマト …… 20個
バジル …… 5枚
マリネ液
白ワインビネガー …… 大さじ1
エクストラバージンオリーブオイル …… 大さじ1/2
はちみつ …… 小さじ1/2
塩 …… 小さじ1/4
バジル（飾り用）…… 適量

作り方

1 ミニトマトはへたを取って湯むきする。バジルは手でちぎる。
2 ボールにマリネ液の材料を合わせて混ぜ合わせる。**1**を入れ、冷蔵庫で1時間以上漬ける。
3 器に盛り、バジルを飾る。

塩味のひと口パイ

サクッとした食感の香ばしいパイ。シャンパンを片手に食べるのにちょうど良いひと口サイズです。

❷チーズのパイ

スティック状にした食べやすいパイ。パルミジャーノ・レッジャーノの香りが食欲をそそります。

材料（約6個分）

冷凍パイシート（150g）…… 1枚
卵白 …… 少量
パルミジャーノ・レッジャーノ …… 適量

作り方

1 冷凍パイシートは常温に戻し、1mm厚さの長方形に伸ばして四方を真っすぐに切り落とす。オーブンは190℃に予熱する。
2 パイシートに溶いた卵白を塗り、パルミジャーノ・レッジャーノを振る。1×7cmの大きさに切り分ける。
3 2をクッキングシートに1cm間隔を空けて並べ、170℃に下げたオーブンで約18分焼く。

❶アンチョビのパイ

アンチョビの旨みと塩味をきかせたパイはワインのお供にぴったりです。

材料（約4個分）

冷凍パイシート（150g）　卵白 …… 少量
　…… 1枚　　　　　　　卵黄 …… 少量
アンチョビ …… 8枚　　　アーモンドダイス　適量

作り方

1 冷凍パイシートは常温に戻し、1mm厚さの長方形に伸ばして4×5cm目安に4等分に切り分ける。アンチョビはキッチンペーパーで油分を取る。オーブンは210℃に予熱する。
2 パイシートの長辺を手前に置き、中央にアンチョビ2本を並べる。手前のスペースに溶いた卵白を塗って二つ折りにし、指で押さえて生地をぴったりと閉じる。残りの生地も同様に作る。
2 2をクッキングシートに間隔を空けて並べ、溶いた卵黄を塗り、アーモンドダイスを散らす。190℃に下げたオーブンで約18分焼く。

メロンと生ハムモッツァレラチーズのピンチョス

「ピンチョス」とはスペイン料理で串に刺した小さな前菜のこと。定番の生ハムメロンをひと口サイズにしました。

材料(6人分)

メロン …… 1/2個
生ハム …… 6枚
モッツァレラチーズ(ひと口タイプ)…… 6個
ブラックオリーブ(種なし)…… 6個

作り方

1 メロンは皮をむいてくし切りにする。メロンを生ハムで巻く。
2 1にモッツァレラチーズ、ブラックオリーブをのせ、爪楊枝を刺す。

❸ オリーブのパイ

オリーブの実を1粒丸ごと包み込んだ風味豊かなパイ。

材料(5×5㎝の抜き型4個分)

冷凍パイシート(150g)…… 2枚
グリーンオリーブ(種なし)…… 18個
強力粉(打ち粉用)…… 少量
卵白 …… 少量
卵黄 …… 少量

作り方

1 冷凍パイシートは常温に戻し、1㎜厚さの長方形に伸ばす。グリーンオリーブはキッチンペーパーで水気を切る。オーブンは210℃に予熱する。
2 抜き型に打ち粉をし、パイシートを抜く。それぞれの生地に溶いた卵白を塗る。2枚1組にし、1枚にグリーンオリーブをのせて、もう1枚をかぶせる。縁を指で強く押し付けて閉じる。
3 2をクッキングシートに並べ、それぞれに溶いた卵黄を塗る。190℃に下げたオーブンで約25分焼く。

サーモンとズッキーニのピンチョス

サワークリームとクリームチーズのなめらかなコクと、スモークサーモンの風味が相性抜群です。

材料(6人分)

ズッキーニ …… 1本
サワークリーム …… 70g
クリームチーズ …… 45g
スモークサーモン …… 4枚
グリーンオリーブ(種なし)…… 6個

作り方

1 ズッキーニは3㎝長さに切って、縦に薄く切る。
2 ボールにサワークリームとクリームチーズを入れ、なめらかになるまで混ぜ合わせる。
3 巻きすに10×10㎝大に切ったラップをのせ、ズッキーニを少しずつずらしながら斜めに重ねるようにして並べる。ズッキーニの上に2を塗り、サーモンを横に並べる。ラップごと手前からロール形に巻き、形が落ち着くまで冷蔵庫で休ませる。
4 ラップをはずし、ひと口大に切ってグリーンオリーブをのせ、爪楊枝を刺す。

りんごとブルーチーズのチコリボート

りんごの甘みとブルーチーズの味わいが相性抜群。
手にとって食べやすく、見た目にもお洒落です。

材料（4人分）

りんご …… 1/2個
ブルーチーズ …… 50g
セロリ …… 1/2本
クルミ …… 40g

A ┌ マヨネーズ
　│　　…… 大さじ1・1/2
　│ レモン汁 …… 小さじ1
　└ 塩 …… 少々
チコリ（大）…… 2個

作り方

1　りんごは皮をむいて7mm幅、ブルーチーズは1cm
　幅のさいの目に切る。セロリは筋を取ってみじん切
　りにする。クルミはフライパンで弱火で炒って、細
　かく切る。

2　ボールにりんご、ブルーチーズ、セロリ、**A**の材料
　を入れてよく混ぜ合わせる。

3　チコリに**2**を盛り付け、クルミをのせる。

ローストビーフ

低温でじっくり焼いてやわらかく仕上げます。

材料（4人分）

にんにく …… 1片
ローズマリー …… 1本
牛もも肉（かたまり）
　…… 350g
塩 …… 少々
胡椒 …… 少々
牛脂 …… 1個

酒 …… 100mℓ
A ┌ 醤油 …… 大さじ2
　│ 中濃ソース
　└　　…… 大さじ1
粒マスタード …… 適量
ホースラディッシュ
　…… 適量

作り方

1　にんにくは薄切りにし、ローズマリーは葉を枝から
　はずす。牛もも肉は常温に戻し、全体に塩、胡椒を
　すり込み、にんにく、ローズマリーを刺し込む。

2　鍋に牛脂を入れ中火で溶かす。牛肉を入れ、四方
　を1分ずつ弱火でふたをして焼く。酒を加えて3分
　熱し、**A**の材料を加えてさらに3分弱火にかける。
　火を止め、予熱で30分火を通す。

3　**2**を薄切りにして器に盛る。鍋に残った**2**のソー
　ス、粒マスタード、ホースラディッシュを添える。

献立アレンジ

魚料理の場合は、鯛
などの白身魚をあさ
りやアンチョビと一
緒に白ワインで煮込
んだ香り高い**「アク
アパッツァ」**を。

プチタルト

指でつまめる小さなひと口サイズのタルトは2種の異なる味わいを楽しみます。

基本のタルト型

チーズの風味が香るサクサクの食感です。

材料（直径3cmのタルト型12個分）

薄力粉 …… 100g
無塩バター …… 35g
パルミジャーノ・レッジャーノ …… 20g
卵 …… 1/3個

作り方

1 薄力粉、無塩バター、パルミジャーノ・レッジャーノを合わせ、フードプロセッサーにかける。ボールに移し、卵を加えて混ぜる。生地をまとめてラップに包み、冷蔵庫で30分以上休ませる。
2 1の生地を3mm厚さに伸ばし、タルト型に敷き込む。底の部分にフォークで穴を開け、中にクッキングシートを入れて重しをのせる。180℃に予熱したオーブンで20分焼き、重しを除いてさらに5分焼く。

❷ペペロナータのタルト

じっくりと炒めたパプリカと玉ねぎをトマト風味のソースで煮て、タルトに詰め込みました。

材料（直径3cmのタルト型10個分）

赤パプリカ …… 1個	塩 …… 適量
玉ねぎ …… 1/4個	胡椒 …… 適量
にんにく …… 1片	基本のタルト型 …… 10個
エクストラバージン	ブラックオリーブ（種なし）
オリーブオイル …… 適量	…… 5個

A［ トマト缶 …… 180g
水 …… 25ml
ケイパー …… 5粒 ］

作り方

1 赤パプリカは5mm四方に切る。玉ねぎは薄切り、にんにくはみじん切りにする。
2 鍋にエクストラバージンオリーブオイルを熱し、玉ねぎ、にんにくを入れて中火で炒める。玉ねぎがしんなりしたら赤パプリカを加えて炒め、Aの材料を加えて中火で20分煮る。塩、胡椒で調味する。
3 2を基本のタルト型に詰め、輪切りにしたブラックオリーブをのせ、オリーブオイルをたらす。

❶ツナクリームのタルト

ツナと濃厚なクリームチーズの相性が抜群のタルトは、シャンパンによく合います。

材料（直径3cmのタルト型10個分）

にんじんのピクルス
［ にんじん …… 1本
塩 …… 少々
白バルサミコ酢
…… 大さじ1 ］

A［ クリームチーズ …… 80g
生クリーム …… 80ml
ツナ缶（水煮） …… 70g
胡椒 …… 適量
にんにく …… 適量 ］

玉ねぎ（みじん切り）
…… 小さじ1
基本のタルト型 …… 10個
タイム …… 適量

作り方

1 にんじんのピクルスを作る。にんじんを食べやすい大きさに切り、塩まぶして15分置く。水分を取って白バルサミコ酢に30分漬け、薄切りにする。
2 Aの材料を合わせてフードプロセッサーにかける。玉ねぎを加えて混ぜ合わせる。
3 2を基本のタルト型に詰め、1、タイムをのせる。

真夏のエスニックのテーブル

暑さに疲れて食欲がなくなってくる夏本番。
香辛料を効かせたエスニック料理で元気になっていただきましょう。
エレガントなアジアンリゾートの雰囲気を演出しました。

スパイスを効かせた
食欲をそそるメニュー

食欲が落ちやすい夏はエスニック料理でおもてなしを。タイ、韓国、ベトナムなどの香辛料、調味料をたっぷりと使った料理は、五感と胃腸を刺激して食欲をそそります。体の中から元気になって、笑顔で帰っていただきましょう。

コーディネートのPOINT

黒を基調にして、シックなトーンでまとめたシンプルモダンなコーディネート。ガラスの器、貝殻の小物、モンステラの葉などを使い、アジアのエレガントな南国リゾートをイメージしています。

MENU

- アボカドと海老の生春巻き
- ココナッツシュリンプ
- 焼き茄子のスパイシーサラダ
- 芽キャベツの
  ホットヤンニンジャンソース
- サーモンとハーブの紹興酒マリネ
- 茹で鶏の胡椒レモンソース
- 牛肉たっぷりニラがけ
- ビーフン カレー風味
- マンゴーのムース

存在感のある
テーブルフラワー

シックなテーブルコーディネートには個性的な花がよく映えます。真紅のケイトウ、黄色のカラーを組み合わせ、真夏を感じさせるレモンを飾りました。アクリルスタンドを使うと、花の形や動きも楽しめます。

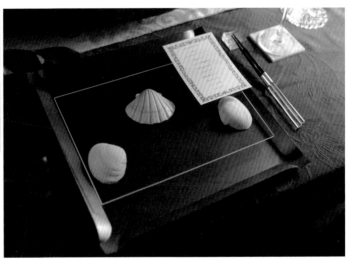

波が打ち寄せる
海辺のリゾート気分を

前菜4種を盛り付けるスクエアの黒いトレイ。白い貝殻を並べた上に透明のアクリルボードをのせ、涼しげな雰囲気を演出しています。本日の献立を添えて。

華やかに仕上がる
ナプキンリング

透け感のあるオーガンジーのナプキンはクラシカルモダンな雰囲気。キラキラと輝きのある大きめのナプキンリングを組み合わせて、ナプキンも華やかに仕上げます。

おすすめのワイン

フランス・アルザスのゲヴュルツトラミネールの白ワイン（右）は、ライチなどの香りとほど良い酸味、ミネラル感が凝縮された味わいで個性的な料理との相性が抜群。グルナッシュ種の赤ワイン（左）は、スパイシーで熟した果実のアロマが牛肉にぴったりです。（リストはP60参照）

前菜4種

ベトナム、タイ、韓国料理の前菜をひと口サイズにして小皿に盛り付けました。

❷ ココナッツシュリンプ

揚げ衣にココナッツを加えることで、サクサクの食感とほのかな甘みを楽しめます。

材料（4人分）

海老 …… 4尾
塩 …… 少々
胡椒 …… 少々
小麦粉 …… 大さじ4
卵 …… 2個
ココナッツロング …… 大さじ4
菜種油 …… 適量
大葉 …… 4枚

作り方

1 海老は背ワタを取って殻をむき、塩、胡椒を振る。小麦粉、溶き卵、ココナッツロングを順にまぶす。
2 菜種油を中温に熱して**1**を揚げる。
3 器に大葉を敷き、**2**を盛り付ける。

❶ アボカドと海老の生春巻き

海老や野菜を巻いた生春巻きは夏にぴったり。茹でた鶏肉や豚肉を加えて作るのもおすすめです。

材料（4人分）

アボカド …… 1個
レモン汁 …… 適量
海老 …… 8尾
片栗粉 …… 適量
きゅうり …… 1本
にんじん …… 1本
ライスペーパー …… 4枚
サニーレタス …… 8枚

ソース

酢 …… 大さじ3
醤油 …… 大さじ2
みりん …… 大さじ2
ニョクマム …… 小さじ2
ラー油 …… 少々

作り方

1 アボカドは皮と種を除いて1×5cm長さに切り、レモン汁を振って色止めする。海老は片栗粉を揉み込んでからよく洗い、塩（分量外）で茹でる。きゅうり、皮をむいたにんじんは5cm長さの千切りにする。ライスペーパーは湿らせたキッチンペーパーに1枚ずつはさむ。
2 ライスペーパーを広げ、手前にサニーレタス、アボカド、海老、きゅうり、にんじんをのせて、ひと巻きしたら左右を内側に折ってきつめに巻き上げる。
3 ソースを作る。ボールに材料を入れ、混ぜ合わせる。
4 **2**を2等分に切って器に盛り、ソースを添える。

❹ 芽キャベツの ホットヤンニンジャンソース

韓国の調味料・ヤンニンジャンにマヨネーズを加えたピリ辛ソースでいただきます。

材料(4人分)

芽キャベツ …… 8個

ソース

┌ マヨネーズ …… 大さじ1
├ ヤンニンジャン …… 大さじ1/2
└ てんさい糖 …… 少々

ピーナッツ(みじん切り) …… 大さじ1

作り方

1 芽キャベツは電子レンジで2分加熱し、縦半分に切る。
2 ボールにソースの材料を入れてよく混ぜ合わせる。
3 器に芽キャベツを盛り付け、ソースをかけてピーナッツを振る。

❸ 焼き茄子のスパイシーサラダ

レモンの風味と酸味を加えたナンプラーベースのドレッシングは爽やかな味わいです。

材料(2〜3人分)

茄子 …… 3本
セロリ …… 15cm分

A
┌ ナンプラー
│　…… 大さじ1
│ レモン汁 …… 大さじ2
│ レモンの皮(すりおろし)
│　…… 1/2個分
│ てんさい糖
│　…… 小さじ1/2
│ 赤唐辛子(みじん切り)
│　…… 小さじ1/2
│ セロリ(みじん切り)
│　…… 10cm分
└ パクチーの茎
　(みじん切り)
　…… 適量

パクチー …… 適量

作り方

1 茄子は焼き網に並べ、皮が真っ黒になるまで強火で焼く。氷水に浸して粗熱を取り、皮をむいて4等分に切る。セロリは筋を取って斜め薄切りにする。茄子とセロリを合わせる。
2 ボールに**A**の材料を入れてよく混ぜ合わせる。
3 器に**1**を盛り付け、**2**をかけ、パクチーを飾る。

サーモンとハーブの紹興酒マリネ

新鮮なさけをさっぱりとしたマリネに。紹興酒を使って香り高いアジアンスタイルにしました。

材料(4人分)

エシャロット …… 1個
生さけ(薄切り)
　…… 200g
塩 …… 少々
胡椒 …… 少々

マリネ液

┌ 紹興酒 …… 大さじ4
│ レモン汁 …… 大さじ2
│ エクストラバージン
│　オリーブオイル
│　…… 大さじ2
│ てんさい糖
└　…… 大さじ1・1/2

ディル …… 適量

作り方

1 エシャロットはみじん切りにする。
2 ボールにマリネ液の材料を入れてよく混ぜ合わせる。
3 深めの容器に生さけを入れ、塩、胡椒を軽く振り、エシャロットを全体にのせる。マリネ液をかけて冷蔵庫で30分ほど漬ける。
4 器に盛り付け、ディルを飾る。

茹で鶏の胡椒レモンソース

レモン、塩、胡椒でソースを作ってベトナム料理風に。やわらかく茹でた鶏肉にたっぷりかけていただきます。

材料（4人分）

鶏もも肉 …… 400g

A
生姜（薄切り）
　…… 4枚
水 …… 400mℓ
塩 …… 小さじ1

B
レモン汁 …… 大さじ1
粗びき胡椒 …… 小さじ2
赤唐辛子（輪切り）
　…… 小さじ1
塩 …… 小さじ1/2
てんさい糖
　…… 小さじ1/2

レモンの皮 …… 1/2個分
クレソン …… 適量

作り方

1 茹で鶏を作る。鍋に鶏もも肉、Aの材料を入れて中火にかける。沸騰したらふたをして弱火で5分茹で、そのまま15分ほど置いて粗熱を取る。冷蔵庫でひと晩休ませるとより旨みが出る。

2 ボールにBの材料を入れて混ぜ合わせる。

3 1を7mm厚さに切って器に盛り付け、2、レモンの皮をすりおろしてかける。クレソンを添える。

牛肉たっぷりニラがけ

食べる直前に熱々にしたソースをかけると、ニラの香りが立って食欲をそそります。

材料（4人分）

牛肩肉（かたまり）
　…… 350g
胡椒 …… 少々
ニラ …… 1束

A
みりん …… 大さじ5
醤油 …… 大さじ4
てんさい糖
　…… 大さじ1
胡椒 …… 少々
水 …… 大さじ2

作り方

1 牛肩肉は胡椒を振り、フライパンで両面を焼く。ニラはみじん切りにする。

2 耐熱容器にAの材料を入れ、電子レンジで約2分加熱する。

3 牛肉を器に盛り付け、ニラ、2をかける。

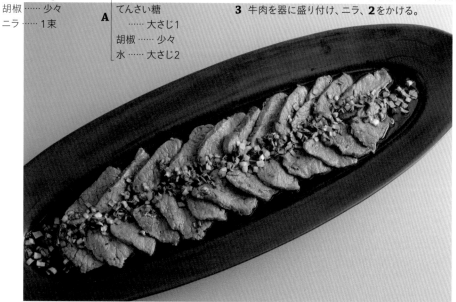

ビーフン カレー風味

食べ応えがあり、少し冷めても美味しくいただけるので、パーティー料理に最適です。

材料（4人分）

ビーフン …… 150g	カレー粉 …… 大さじ1
豚肉（薄切り）…… 100g	オイスターソース …… 大さじ1
キャベツ …… 100g	酒 …… 大さじ2
にんじん …… 50g	A 塩 …… 小さじ1/4
セロリの葉 …… 50g	胡椒 …… 小さじ1/4
もやし …… 100g	胡麻油 …… 大さじ1/2
にんにく …… 1/2片	パクチー …… 適量
サラダ油 …… 大さじ1	ライム …… 適量
中華スープの素 …… 50㎖	

作り方

1 ビーフンは沸騰させた湯に浸して5分蒸らし、ザルにあげて水気を切る。豚肉、キャベツ、にんじんは細切りにする。セロリの葉は細切りに、もやしは食べやすい長さに切る。にんにくはみじん切りにする。
2 Aの材料を合わせてよく混ぜ合わせる。
3 フライパンにサラダ油、にんにくを弱火で熱し、香りが立ったら豚肉を入れて中火で炒める。1の野菜を加えて炒める。ビーフン、2、中華スープの素を加えてさらに炒め、胡麻油を回し入れて混ぜる。
4 器に盛り付け、パクチー、薄切りにしたライムを添える。

マンゴーのムース

ホイップクリームとメレンゲを合わせたふわふわの食感。器に漉しながら入れるとさらになめらかになります。

材料（4人分）

マンゴーピューレ（ムース用・市販）…… 220g	メレンゲ 卵白 …… 1個分 てんさい糖 …… 25g
ホイップクリーム 生クリーム …… 150㎖ てんさい糖 …… 15g	マンゴーピューレ（仕上げ用・市販）…… 適量
	ミント …… 適量

作り方

1 マンゴーピューレは酸味が強い場合はてんさい糖（分量外）を足して調整する。
2 ホイップクリームの材料を合わせて固く泡立てる。1を2回に分けて加えて混ぜる。
3 材料を泡立ててメレンゲを作る。2に泡をつぶさないように2回に分けて加えて混ぜ合わせる。グラスに流し入れて冷蔵庫で冷やし固める。
4 3にマンゴーピューレをのせ、ミントを飾る。

掲載ワインリスト

各テーブルセッティングの「おすすめのワイン」でご紹介しているワインです。
どんな料理にどの品種のワインが合うのか、いろいろなワインを試して、
お好みのものを見つけてみてください。

掲載ページ	ワイン名	品種	生産地
11	フェルゲッティーナ ミッレディ フランチャコルタ ブリュット	シャルドネ	イタリア・ロンバルディア
	五一わいん 花びら	ナイアガラ	長野県塩尻市（林農園）
	ドップ・エ・イリオン ゲヴュルツトラミネール	ゲヴュルツトラミネール	フランス・アルザス
	アンリ・グートルブ ロゼ ブリュット グラン クリュ	ピノ・ノワール、シャルドネ	フランス・シャンパーニュ
19	モエ・エ・シャンドン アイス アンペリアル ロゼ	ピノ・ノワール、ピノ・ムニエ、シャルドネ	フランス・シャンパーニュ
	オスピス・ド・ボーヌ ムルソー プルミエ クリュ ポリュゾ キュヴェ ジュアン アンブロ 2011	シャルドネ	フランス・ブルゴーニュ
36	カンティーナ・ヴァッレ・イサルコ ケルナー 2018	ケルナー	イタリア・ヴェネト
	ドクター・ハインリッヒ・ネーグラー		ドイツ・リューデスハイム
44	エリザベート・アヴリル ブリュット	ピノ・ノワール、シャルドネ	フランス・シャンパーニュ
	マーク・エブラール メ ファヴォリット プルミエ クリュ ヴィエーユ・ヴィーニュ	ピノ・ノワール、シャルドネ	フランス・シャンパーニュ
	アンリ・グートルブ ロゼ ブリュット グラン クリュ	ピノ・ノワール、シャルドネ	フランス・シャンパーニュ
55	ドップ・エ・イリオン ゲヴュルツトラミネール	ゲヴュルツトラミネール	フランス・アルザス
	ドメーヌ・ド・フェラン シャトーヌフ デュ パプ 2014	グルナッシュ、ムールヴェードル、ブール・ブラン、シラー、サンソー	フランス・コート デュ ローヌ
65	ドメーヌ・ド・ラルロ ニュイ サン ジョルジュ プルミエ クリュ クロ デ フォレ サン ジョルジュ 2009	ピノ・ノワール	フランス・ブルゴーニュ
	グロ・フレール・エ・スール ヴォーヌ ロマネ 2014	ピノ・ノワール	フランス・ブルゴーニュ
73	テヌータ・サン・グイド サッシカイア 2015	カベルネ・ソーヴィニヨン、カベルネ・フラン	イタリア・トスカーナ
	ビービー・グラーツ テスタマッタ 2013	サンジョヴェーゼ	イタリア・トスカーナ
78	ウィリアムズ・セリエム エステート ヴィンヤード ピノ・ノワール 2011	ピノ・ノワール	アメリカ・カリフォルニア
	ボデガス・フォンタナ メスタ テンプラニーリョ ロゼ オーガニック	テンプラニーリョ	スペイン・カスティーリャ・ラ・マンチャ
	サントリー ジャパンプレミアム マスカット・ベーリーA ロゼ	マスカット・ベーリーA	山梨県（サントリー）
90	マーク・エブラール メ ファヴォリット プルミエ クリュ ヴィエーユ・ヴィーニュ	ピノ・ノワール、シャルドネ	フランス・シャンパーニュ
	シャルル・デュ・デューイ ブリュット レゼルブ	ピノ・ムニエ、シャルドネ、ピノ・ノワール	フランス・シャンパーニュ
	シャトー・ムートン・ロスチャイルド 2011	カベルネ・ソーヴィニヨン、メルロー、カベルネ・フラン	フランス・ボルドー
	ジェラール・ラフェ シャルム シャンベルタン 2011	ピノ・ノワール	フランス・ブルゴーニュ
99	エリザベート・アヴリル ブリュット	ピノ・ノワール、シャルドネ	フランス・シャンパーニュ
	シャトー・ディッサン 2011	カベルネ・ソーヴィニヨン、メルロー	フランス・ボルドー
	シャトー・デュクリュ・ボーカイユ 1983	カベルネ・ソーヴィニヨン、メルロー、カベルネ・フラン、プティ・ヴェルド	フランス・ボルドー
	グロ・フレール・エ・スール ヴォーヌ ロマネ 2014	ピノ・ノワール	フランス・ブルゴーニュ

※リストには著者自身が所有するワインも含まれています。2021年3月現在、日本では販売されていないワインがあることをご承知ください。

Chapter.3

秋の
おもてなし
Autumn

暑さがやわらぎ、日ごとに
涼しくなってくる秋は、一年のなかでも
特に美味しい食材が揃う季節。
自然の恵みに感謝を込めて、
秋の情景をテーブルに表現します。
ゆっくりと秋の夜長を楽しんでいただきましょう。

秋の豊穣を祝う懐石

日暮れが少しずつ早くなり、葉もだんだんと色づき始めてくる頃。一年のなかでも特に美味しい食材に恵まれたこの季節は、食材を生かした懐石料理で実りの秋を感じていただきましょう。

コーディネートの
POINT

漆の折敷とお椀を並べた落ち着いた和の設えに。テーブルにはススキ、稲穂、モミジを飾って実りの秋を表現しました。窓から差し込む夕暮れ時のやわらかな光も、魅力的な演出のひとつになります。

収穫の秋を感じる
ススキやモミジ

テーブルの中央には大きなススキをあしらいました。太陽の光で黄金色に輝く姿は、深まりゆく秋を演出する主役です。ほんのりと色づき始めたモミジで紅葉狩りの気分を味わっていただきます。

大輪のダリアで
和モダンの印象に

テーブルフラワーには大きなダリアを飾り、和モダンの雰囲気に仕上げました。深みのある真っ赤な色合いは、紅葉が深まる日本の秋を想起させてくれます。

舟形に折った
袱紗のナプキン

ナプキンはスタイリングに欠かせないアイテム。和の設えに合わせてナプキンには袱紗を使いました。舟の形に折って和の雰囲気に仕上げます。

おもてなしの心を伝える
手書きの献立

紅葉狩りを感じさせる柄の和紙に神無月の献立を書いて添えました。パソコンを使ってきれいに作るのも美しいですが、手書きの献立はおもてなしの心がよりゲストに伝わります。

おすすめのワイン

繊細ながら深い味わいの懐石料理には赤ワインを合わせます。果実味が豊かでしっかりとした骨格があり、女性的とも例えられるブルゴーニュのピノ・ノワールを2本セレクトしました。長い余韻も楽しめる味わいです。(リストはP60参照)

MENU

- 柿の白和え
- 鬼灯玉子
- きのこの胡麻和え
- さばの真砂焼き
- 蕪蒸し銀餡がけ
- 豊年俵
- きのこご飯
- さつまいものヴィシソワーズ風

実りの秋を感じる神無月の懐石

「食欲の秋」とも呼ばれるこの季節は、柿、きのこ、かぶなど秋に美味しい食材をふんだんに使って懐石料理を作ります。「鬼灯玉子」や「豊年俵」を用意して、実りの秋を感じていただきましょう。

柿の白和え

柿とずわいがにを楽しむ秋の白和え。柿のほのかな甘みと豆腐の相性が抜群です。

材料（4人分）

柿 …… 1個
ずわいがに（むき身）…… 100g
春菊 …… 1/2把
松の実 …… 適量
絹ごし豆腐 …… 1丁
濃口醤油 …… 小さじ1
塩 …… ひとつまみ

作り方

1 柿はさいの目に切る。ずわいがには半分にちぎって筋をとる。春菊は熱湯で茹でて水気を切る。松の実は炒る。

2 鍋に水、崩した絹ごし豆腐を入れて熱し、ザルにあげて粗熱を取る。細かい目の漉し器で漉し、濃口醤油、塩を加えて軽く練り合わせる。**1**を入れて和える。

3 器に盛り付け、松の実を飾る。

献立アレンジ

牛乳にたっぷりの胡麻を加えて練り上げた「**酪豆腐**」もおすすめ。葛粉を使うとねっとりなめらかな食感に仕上がります。

鬼灯玉子
（はおずき）

西京味噌に漬けた、まるでお月見のような見た目の濃厚な卵黄。お酒の肴にとても良く合います。

材料（4人分）

卵黄 …… 4個分
西京味噌 …… 200g
大根（薄切り）…… 8枚
イクラ …… 適量

作り方

1 バットに西京味噌を2cmほどの厚さに敷き詰め、ガーゼをかぶせる。卵黄のサイズのくぼみを4つ作り、それぞれに卵黄を優しく落とし入れる。ラップをかけて冷蔵庫で1日漬ける。

2 薄切りにした2枚の大根にイクラをはさむ。残りの大根も同様に作る。

3 器に**1**を盛り付け、**2**を添える。

きのこの胡麻和え

秋の味覚の代表であるきのこを香り高い胡麻和えにしました。お好みのきのこを使って楽しめます。

材料（4人分）

きのこ（えのきたけ、
　しめじ、舞茸など）
　…… 150g
春菊の葉 …… 1/3把分

A
｜だし汁 …… 300ml
｜薄口醤油 …… 小さじ2
｜酒 …… 小さじ1

B
｜炒り胡麻（白）
｜　…… 大さじ3
｜てんさい糖
｜　…… 大さじ1・1/2
｜薄口醤油
｜　…… 小さじ1/2
白胡麻 …… 適量

作り方

1　きのこ類は石突きを落として3cm長さに切り、熱湯で30秒茹でて水気を切る。春菊の葉は熱湯でサッと茹でて冷水にとり、水気を切って3cm長さに切る。

2　鍋にAの材料を合わせて煮立て、きのこを加えてひと煮たちしたら火を止める。粗熱が取れたら春菊を入れて15分浸し、水気を切る。

3　ボールにBの材料を入れてよく混ぜ合わせる。きのこ、春菊を加えて和える。

4　器に盛り付け、白胡麻を振る。

さばの真砂焼き

明太子をはさんで焼くことで、鯖の旨みと香ばしさがより一層引き立ちます。

材料（4人分）

さば …… 4切れ
塩 …… 適量

A
｜明太子 …… 20g
｜マヨネーズ …… 20g
｜みりん …… 10g
すだち …… 適量

作り方

1　さばは塩を軽く振ってしばらく置き、キッチンペーパーで水分を取って観音開きにする。明太子は薄皮を取り除く。

2　ボールにAの材料を入れてよく混ぜ合わせ、さばにはさみ込むようにして塗る。グリルにアルミ箔を敷き、さばの皮目を下にして弱めの中火で10〜15分焼く。

3　器に盛り付け、半分に切ったすだちを添える。

蕪蒸し銀餡がけ

かぶの優しい味わいを引き立たせた蒸し物。餡をかけることで温かく召し上がっていただけます。

材料(4人分)

車海老 …… 4尾
穴子 (開いたもの) …… 1尾
ゆり根 …… 150g
きくらげ …… 適宜
銀杏 …… 8個
だし汁 …… 100㎖
聖護院かぶら …… 1/4個強
卵白 …… 1個分
塩 …… 小さじ1/2

A
だし汁 …… 600㎖
薄口醤油 …… 小さじ1/2
みりん …… 小さじ1/2
酒 …… 小さじ1/2

葛粉 …… 大さじ2
水 …… 大さじ4
みつ葉 …… 適量
金箔 …… 適量
わさび …… 適量

作り方

1 車海老は背ワタを取って皮をむき、縦に2等分に切る。穴子は2㎝幅に切る。ゆり根は茶色い部分をこそげ取り、1片ずつはがして熱湯でサッと茹でる。きくらげは水で戻して熱湯で茹で、1㎝角に切る。銀杏は殻から出して薄皮をむき、2倍にふくらむまでだし汁で煮て縦半分に切る。

2 聖護院かぶらは皮をむき、フードプロセッサーですりおろす。水気を絞り、卵白、塩を加えて混ぜる。きくらげを加えて軽くまとめる。

3 器に車海老、穴子、ゆり根、銀杏を入れ、2をこんもりとかぶせる。蒸気のあがっている蒸し器に入れ、中火で12〜13分蒸す。

4 鍋にAの材料を入れて熱し、水で溶いた葛粉を加えてとろみをつける。

5 蒸しあがった3に4をかけ、茹でたみつ葉、金箔を飾る。わさびを添える。

豊年俵

俵を連想させる縁起の良い揚げ物。少々手間はかかりますが、どのような味か想像していただく楽しみがあります。

材料(4人分)

むき海老 …… 240g
玉ねぎ (みじん切り)
…… 大さじ3
片栗粉 …… 大さじ2/3
白身魚のすり身 …… 大さじ3
マヨネーズ …… 小さじ2

A
酒 …… 小さじ2
薄口醤油 …… 小さじ1
みりん …… 小さじ1

食パン (サンドイッチ用・みみなし) …… 12枚
菜種油 …… 適量

作り方

1 むき海老は背ワタを取り、薄い塩水 (分量外) で洗って水気を拭き取る。玉ねぎは片栗粉をまぶす。

2 フードプロセッサーに海老、白身魚のすり身、マヨネーズを入れて撹拌する。

3 ボールに2、玉ねぎ、Aの材料を入れて混ぜ合わせる。12等分して丸める。

4 ラップに食パン1枚をのせ、3をのせて海苔巻きの要領で巻く。さらにアルミ箔で巻き、両端をつまんでまとめる。残りのパンも同様に巻く。蒸気のあがっている蒸し器に入れ、約10分蒸す。

5 アルミ箔、ラップを取りはずし、両端を切り落として形を整える。炙った金串で両端の断面に俵模様の焼き目をつける。

6 鍋に菜種油を入れて熱し、170℃で5を揚げる。

きのこご飯

きのこをたっぷりと入れて炊いたご飯は、秋に一度は食べたくなる旬の味わいです。

材料（4〜5人分）

きのこ（しめじ、舞茸、
　しいたけなど）
　…… 200g
米 …… 3合
もち米 …… 1/2合

```
    ┌ だし汁 …… 600㎖
 A  │ 薄口醤油 …… 60㎖
    └ 酒 …… 60㎖
```
ねぎ（青い部分）…… 1本分
あさつき …… 適量

作り方

1 きのこ類は食べやすい大きさに切り、熱湯で30秒ほど茹でてあく抜きをする。ザルにあげ、水気をしっかり切る。

2 米ともち米を合わせてとぎ、水に15分浸け、ザルにあげて15分置く。

3 鍋に**A**の材料を合わせて熱し、きのこを加えてひと煮立ちさせる。ねぎを加えて煮る。具材と煮汁に分ける。

4 鍋に**2**、**3**の煮汁720㎖を入れ、強火で7〜10分炊き、蒸気が出てきたら吹きこぼれない程度に火を弱めて5〜7分炊く。表面に汁気がなくなってきたら**3**の具材をのせて約3分炊き、弱火にして約10分炊く。最後に30秒ほど強火にし、水分を一気に蒸発させて火を止め、5〜10分蒸らす。全体をざっと混ぜる。

5 器に盛り、小口切りにしたあさつきを散らす。

> **献立アレンジ**
>
>
>
> 秋が旬の新生姜を皮ごと刻み、油揚げと一緒に炊きあげた**「生姜の炊き込みご飯」**も香り高くておすすめです。

さつまいものヴィシソワーズ風

さつまいもを裏漉ししてなめらかなムース状に。さつまいもとシナモンの組み合わせが秋らしいデザートです。

材料（8人分）

さつまいも …… 250g
水 …… 200㎖
くちなしの実 …… 1個
きび砂糖 …… 60g
生クリーム …… 100㎖
牛乳 …… 適宜

シナモンゼリー
```
┌ 粉ゼラチン …… 1.5g
│ 水（粉ゼラチン用）
│     …… 小さじ2
│ 水 …… 150㎖
│ グラニュー糖 …… 50g
│ シナモンパウダー
│     …… 小さじ1/2
│ シナモンスティック
└     …… 1/2本
```

コンポート
```
┌ ドライプルーン …… 8粒
│ 水 …… 200㎖
│ 赤ワイン …… 200㎖
└ てんさい糖 …… 50g
```

作り方

1 さつまいもはひと口大に切る。鍋に水、くちなしの実を入れて沸騰させ、さつまいもを加えて茹でる。きび砂糖を加え、竹串が通るほどにやわらかくなるまで煮る。

2 **1**を裏漉ししてピューレ状にする。生クリームを加え、ヨーグルトの固さになるまで混ぜる。固くなりすぎた場合は牛乳を加えて調整する。

3 シナモンゼリーを作る。鍋に粉ゼラチン以外の材料を入れて沸騰させる。水で戻したゼラチンを加えて混ぜ、裏漉しして粗熱を取る。バットに流し入れ、冷蔵庫で冷やし固める。

4 コンポートを作る。鍋にドライプルーン以外の材料を入れて煮立たせる。プルーンを加えて半量になるまで煮詰め、火を止めてそのまま冷ます。冷蔵庫で2時間以上冷やす。

5 グラスに**2**を流し入れ、**3**、**4**をのせる。

秋の夜長のワインディナー

芸術の秋は、黒を基調にした和モダンのコーディネートでクラシカルな大人の雰囲気を演出します。キャンドルを灯して、深まりゆく秋をワインと共に堪能しましょう。

コーディネートの
POINT

黒を基調に赤を組み合わせて実りの秋を表現しました。シックなコーディネートは、所々に灯したキャンドルの炎をより魅惑的に見せてくれます。テーブルには南天の実、赤く色づいた葉、枝を飾りました。

配色が美しい漆器の椀

鶴の柄が描かれた漆器の椀。赤と黒の配色が深まりゆく秋のイメージにぴったりです。椀には色味が鮮やかな「かぼちゃとりんごのポタージュ」を盛り付けます。

まずはシャンパンで
ゲストをお出迎え

ゲストが到着されたら、まずはウェルカムドリンクでお出迎えします。料理が始まるまでの間、シャンパンを飲んでリラックスしていただきましょう。カナッペなどひと口で食べられるものを添えて。

漆塗りの引き出しに
一輪挿しを飾る

漆塗りの二段の引き出しには一輪挿しを置き、燃えるような真っ赤なアランセラを飾りました。花や小物などを飾るのに引き出しはとても便利。立体感が出てテーブルが華やいだ雰囲気になります。

MENU

- ● アボカドのチーズ和え
- ● 柿のクレソンサラダ
- ● かぼちゃとりんごのポタージュ
- ● ポロねぎのチーズグラタン
- ● 鶏手羽と栗の赤ワイン煮
- ● 特製ティラミス

おすすめのワイン

イタリアの赤ワインを2本セレクトしました。トスカーナのサンジョベーゼ「テスタマッタ」(左)は、果実や甘いスパイスのアロマ、タンニンを感じる味わい。バランスが良く余韻が美しい「サッシカイア」(右)は柿やかぼちゃとの相性が良いです。(リストはP60参照)

たくさんの果物を使った秋を感じる献立

果物を献立に取り入れるのは秋ならではの趣向です。柿はサラダ仕立てに、りんごはポタージュにして、実りの秋を楽しんでいただきます。メインの鶏手羽の赤ワイン煮には栗を取り合わせました。

アボカドのチーズ和え

チーズと和えたクリーミーな味わいのアボカドは、赤ワインに良く合います。

材料（2人分）

アボカド …… 1個
クリームチーズ …… 30g
玉ねぎ（みじん切り）…… 大さじ1

A ┌ マヨネーズ …… 大さじ1
　│ わさび（すりおろし）…… 大さじ1
　│ レモン汁 …… 小さじ1
　└ 醤油 …… 小さじ1/2
もみ海苔 …… 適量

作り方

1 アボカドは縦半分に切って種をとる。皮をむいて
　1cm角に切る。クリームチーズは1cm角に切る。
2 ボールに1、玉ねぎ、Aの材料を入れて混ぜ合わ
　せる。器に盛り付け、もみ海苔をのせる。

献立アレンジ

コンソメと生クリーム
を入れた洋風茶碗蒸
し「**カニのロワイヤ
ル**」も、なめらかな口
当たりで始まりの一
品に最適です。

柿のクレソンサラダ

柿をサラダ仕立てにし、香り高い黒胡麻のドレッシングでいただきます。

材料（4人分）

柿 …… 2個
クレソン …… 4束

A ┌ 黒胡麻（ペースト）
　│ 　…… 大さじ2
　│ 醤油 …… 大さじ1
　│ 酢 …… 大さじ1
　│ 胡麻油 …… 大さじ1
　└ サラダ油 …… 大さじ2

作り方

1 柿は食べやすい厚さのくし形に切る。クレソンは葉先を摘み取り、
　水分をよく取る。
2 ボールにAの材料を入れてよく混ぜ合わせる。
3 器にクレソン、柿を並べ、2をかける。

献立アレンジ

かぼちゃをやわらかく
茹でて生クリーム、メ
ープルシロップで和
え、シナモンを振った
「**南瓜のメープルシロ
ップ和え**」もおすすめ。

かぼちゃとりんごのポタージュ

豆乳を使ってヘルシーで優しい味わいに仕上げました。

材料（4人分）

かぼちゃ（正味）
　…… 250g
りんご …… 120g
玉ねぎ …… 40g
エクストラバージン
　オリーブオイル
　…… 大さじ1
水 …… 300㎖

果粒コンソメスープの素
　…… 小さじ1/2強
豆乳 …… 100㎖〜
塩 …… 少々
シナモン …… 適量
パセリ（みじん切り）
　…… 大さじ1

作り方

1 かぼちゃ、りんご、玉ねぎは皮をむいて薄切りにする。
2 鍋にエクストラバージンオリーブオイルを熱し、玉ねぎをしんなりとするまで炒める。かぼちゃ、りんごを加えてさらに炒め、水、顆粒コンソメスープの素を加える。ふたをしてやわらかくなるまで煮る。
3 2の粗熱が取れたら、ミキサーにかけてなめらかにする。鍋に戻し入れ、豆乳を加えて5分ほど弱火で煮る。塩で調味する。
4 器に流し入れ、シナモンを振り、パセリを飾る。

献立アレンジ

マッシュルームと玉ねぎを鶏がらスープで煮込み、パイ生地をかぶせて焼いた**「マッシュルームのポタージュ」**も秋にぴったり。

ポロねぎのチーズグラタン

さっぱりとした味わいのグラタンは熱々の状態でいただきます。

材料（2人分）

ポロねぎ …… 1本
塩 …… 適量
胡椒 …… 適量
タレッジョチーズ
　（とろけるチーズで
　代用可）…… 50g

にんにく …… 適量
無塩バター …… 適量
パン粉 …… 20g

作り方

1 ポロねぎは耐熱皿の長さに切り、塩（分量外）を入れた湯でやわらかくなるまで茹でる。水気を切って、塩、胡椒を振る。タレッジョチーズは1㎝角に、にんにくはみじん切りにする。
2 耐熱皿ににんにくと無塩バターを塗り、ポロねぎを並べる。タレッジョチーズをのせ、パン粉をかける。230℃に予熱したオーブンで約15分焼く。

鶏手羽と栗の赤ワイン煮

鶏手羽を赤ワインで煮て大人の味わいに仕上げたメイン料理。栗の甘みが鶏肉の風味を引き立ててくれます。

材料（4人分）

鶏手羽元 …… 8本
塩 …… 適量
胡椒 …… 適量
マッシュルーム …… 6個
じゃがいも（中）…… 2個
玉ねぎ（中）…… 1個
にんにく …… 1片
ベーコン …… 2枚
エクストラバージン
　オリーブオイル …… 適量
無塩バター …… 適量
ブランデー …… 大さじ1
赤ワイン …… 100㎖
水 …… 200㎖
ホールトマト缶
　…… 1缶（400g）
ローズマリー …… 適量
タイム …… 適量
ローリエ …… 適量
栗の甘露煮 …… 16個

作り方

1　鶏手羽元は塩、胡椒を振る。マッシュルームは石
　突きを落として半分に切り、じゃがいもは皮をむい
　てひと口大に切る。玉ねぎ、にんにくは薄切りにす
　る。ベーコンは短冊に切る。

2　深めの鍋にエクストラバージンオリーブオイル、無
　塩バターを熱し、鶏手羽元を入れて焼く。焼き色
　がついたらブランデーを加え、強火でアルコール
　分を飛ばす。鍋から取り出しておく。

3　2と同じ鍋にバターを足し、マッシュルーム、玉ね
　ぎ、ベーコン、にんにくを入れて炒める。赤ワイン、
　水、ホールトマト、ハーブ類を加えて煮る。じゃが
　いも、栗の甘露煮、2を加え、ふたをして肉がやわ
　らかくなるまで弱火で煮る。

4　器に盛り付け、ローズマリーを飾る。

献立アレンジ

鶏もも肉をマッシュルーム
やハーブと一緒に香り高
いマルサラ酒で煮込んだ
**「チキンのマルサラ酒煮込
み」**も赤ワインに良く合い
ます。

特製ティラミス

スポンジ生地を入れずに作るティラミスはとても美味で、しかもヘルシー。手軽に簡単に作ることができます。

材料（4人分）

マスカルポーネチーズ …… 200g
卵黄 …… 2個分
ラム酒（ブランデーで代用可）
　　…… 小さじ2
メレンゲ
　卵白 …… 3個分
　てんさい糖 …… 40g
エスプレッソコーヒー …… 100ml
ココアパウダー …… 15g
てんさい糖 …… 15g
シリアル …… お好みで

作り方

1 ボールにマスカルポーネチーズ、卵黄を入れ、泡立て器で混ぜる。ラム酒を加えて混ぜる。

2 メレンゲを作る。ボールに卵白、てんさい糖1/3量を入れて泡立てる。残りのてんさい糖を2回に分けて加え、ツノが立つ状態になるまで泡立てる。

3 **1**に**2**の1/3量を加え、泡立て器で手早く混ぜる。残りの**2**を2回に分けて加え、ゴムべらでざっくりと混ぜる。冷蔵庫で1時間冷やす。

4 鍋にエスプレッソコーヒーを入れて火にかけ、ココアパウダー、てんさい糖を加えて溶かす。茶漉しで漉し、氷水にあてて冷ます。

5 器に**4**を大さじ2ほど入れ、**3**を入れる。お好みでシリアルをのせる。

献立アレンジ

旬の栗を使う場合は、マロンクリームを加えた濃厚な生地に、栗の渋皮煮を加えて焼いた**「リッチなマロンケーキ」**を作ります。

ハロウィーンの中華テーブル

ハロウィーンの夜は、友人たちと一緒にちょっぴり大人のパーティーを。皆で賑やかに食べられる中華料理でおもてなしをします。しっかりとした味わいの中華は赤ワインにとてもよく合います。

MENU

- ● ピータンとトマト入り豆腐
- ● きのこづくしの海苔生姜和え
- ● ささみと白髪ねぎの和え物
- ● 春巻き
- ● かに玉
- ● 焼き豚
- ● 中華風コーンスープ
- ● 帆立の炊き込みご飯
- ● とろける杏仁豆腐

**お祭り気分を高める
ハロウィーンの小物**

色鮮やかなかぼちゃ、妖艶な雰囲気の仮面などをテーブルに飾りました。観賞用のかぼちゃは形や色合いが個性的なので、たくさん飾ると賑やかになります。

**香港で購入した
赤いティーセット**

香港旅行の際に購入したティーセット。それぞれ別の料理に使い、カップには和え物を、受け皿には「ピータンとトマト入り豆腐」を盛り付けます。

おすすめのワイン

乾杯のロゼは日本（左）とスペイン産（中央）の2本をセレクト。フレッシュなベリー系のアロマは中華料理との相性が良いです。赤ワインは世界的にも注目されるカリフォルニアの「ウィリアムズ・セリエム」のピノ・ノワール（右）を。複雑な味わいは焼き豚によく合います。（リストはP60参照）

コーディネートのPOINT

ハロウィーンならではのちょっぴり怪しげで個性的な雰囲気にコーディネートしました。オレンジや赤の暖色を基調に、黒を差し色にしてシックにまとめました。かぼちゃや仮面などハロウィーンらしい小物でテーブルを賑やかに飾ります。

取り分けて楽しむ華やかな大皿料理

皆で取り分けて楽しむ大皿料理は、賑やかなハロウィーンのパーティーにぴったり。
見た目にも華やかな味わい深い中華料理で献立を作り、赤ワインに合うように少し
濃いめのしっかりとした味付けに仕上げました。

ピータンとトマト入り豆腐

ピータンの風味とトマトの酸味が意外にも相性ぴったり。彩りが華やかで、お酒の肴にもなる一品です。

材料（4人分）

木綿豆腐 …… 2/3丁	**A** てんさい糖 …… 小さじ2/3
ピータン …… 1個	酢 …… 小さじ1
トマト（小）…… 2個	醤油 …… 大さじ2
長ねぎ …… 1/4本	胡麻油 …… 大さじ1
生姜 …… 1/2片	

作り方

1 木綿豆腐はひと口大に切る。ピータンは水で洗って殻をむく。黄身と白身に分け、黄身は裏漉しし、白身はひと口大に切る。トマトは湯むきして種を取り、ひと口大に切る。長ねぎはみじん切り、生姜は薄切りにする。

2 ボールにピータンの黄身と白身、トマト、長ねぎ、生姜、**A**の材料を入れて混ぜ合わせる。

3 器に豆腐を盛り付け、**2**をかける。

きのこづくしの海苔生姜和え

さっぱりとした味わいで箸休めに最適です。お好みのきのこを取り合わせて作ってみてください。

材料（2人分）

きのこ（しめじ、しいたけ、舞茸など）…… 200g	みりん …… 大さじ2
	だし汁 …… 200㎖
生姜 …… 1片分	薄口醤油 …… 大さじ1/2
酒 …… 大さじ3	もみ海苔 …… 1枚

作り方

1 きのこ類は石突きを落として食べやすい大きさに切る。生姜は薄切りにして少量を飾り用に千切りにし、残りは細く刻み、水にさらして水気を切る。

2 鍋に酒、みりんを入れて煮立て、だし汁を加える。きのこを加えて弱火にし、落としぶたをして4～5分煮る。薄口醤油で調味したら火を止め、生姜を加えて混ぜる。もみ海苔を加えて混ぜ合わせる。

3 器に盛り付け、生姜を飾る。

ささみと白髪ねぎの和え物

ザーサイと胡麻油の風味が食欲をそそる和え物。ねぎの辛みが苦手な方は、10分ほど水にさらしてから使ってください。

材料（4人分）

鶏ささみ肉 …… 3本
塩 …… 少々
胡椒 …… 少々
水 …… 200㎖
酒 …… 大さじ2
長ねぎ（白い部分）
　…… 1本分
ザーサイ …… 100g
胡麻油 …… 大さじ1〜2

作り方

1 鶏ささみ肉は軽く塩、胡椒を振る。鍋に水、酒を加えて熱し、鶏肉を入れてキッチンペーパーで落としぶたをして茹でる。火を止め、そのまま冷ます。
2 長ねぎを7〜8㎝長さの千切りにし、水にさらして水気を切る。ザーサイは水に浸けて塩抜きし、千切りにする。
3 **1**を細かくほぐして**2**と合わせ、胡麻油を回しかけてふんわりと和える。

春巻き

食べやすいミニサイズの春巻き。具材に味をしっかりと付け、そのままで美味しくいただけるようにしました。

材料（4人分）

にんじん …… 1/2本
ピーマン …… 2個
胡麻油 …… 大さじ1
豚こま切れ肉 …… 200g
A ┌ 酒 …… 大さじ2
　　├ 醤油 …… 大さじ1/2
　　├ オイスターソース
　　│　…… 大さじ1・1/2
　　├ 塩 …… 少々
　　├ 胡椒 …… 少々
　　└ 生姜（すりおろし）
　　　　…… 小さじ1
片栗粉 …… 大さじ1/2
水 …… 大さじ1
春巻きの皮 …… 6枚
小麦粉 …… 大さじ1/2
菜種油 …… 適量
練りがらし …… 適量

作り方

1 にんじんは千切りにする。ピーマンは縦半分に切って種とへたを取って千切りにする。
2 フライパンに胡麻油を中火で熱し、豚こま切れ肉を入れて色が変わるまで炒め、にんじん、ピーマンを加えて炒める。**A**の材料を加えて炒め合わせる。水で溶いた片栗粉を加えて混ぜ、火からおろして冷ます。
3 春巻きの皮は斜め2等分に切る。**2**の具材をのせて巻き、同分量の水（分量外）で溶いた小麦粉で端を止める。
4 フライパンに鍋底から3㎝ほどの菜種油を入れて160℃に熱し、表面がきつね色になるまで**3**を中火で3分ほど揚げる。
5 器に盛り付け、練りがらしを添える。

かに玉

見た目にも豪華でパーティー料理を盛り上げてくれます。豪快に作って大皿に盛り付けてみてください。

材料（4人分）

かに缶 …… 220g	グリーンピース …… 10個
A 酒 …… 大さじ1	太白胡麻油 …… 適量
塩 …… 小さじ1	B 塩 …… 少々
胡椒 …… 小さじ1	胡椒 …… 少々
干しいたけ …… 3枚	てんさい糖 …… 少々
にんじん …… 30g	卵 …… 6個
茹でたけのこ …… 50g	塩 …… 少々
長ねぎ …… 1本	胡椒 …… 少々
絹さや …… 30g	

C 水 …… 200㎖
鶏ガラスープの素（顆粒）
…… 小さじ1
てんさい糖 …… 大さじ1
醤油 …… 大さじ1
片栗粉 …… 大さじ1/2
水 …… 大さじ1
生姜（すりおろし）
…… 大さじ1

献立アレンジ

野菜料理の場合は「しいたけとパプリカのチリソース」を。コチュジャンを効かせた甘酸っぱいソースでいただきます。

作り方

1 かに缶は身を割りほぐし、混ぜ合わせた**A**の調味料に15分漬ける。干しいたけは水で戻す。

2 にんじん、干しいたけ、茹でたけのこ、長ねぎ、絹さやは千切りにする。グリーンピースは茹でる。

3 フライパンに太白胡麻油を熱し、にんじん、しいたけ、たけのこ、長ねぎ、絹さやを中火で炒める。**B**の材料を加えて混ぜ、かにを加えて混ぜ合わせる。

4 ボールに卵を割りほぐし、塩、胡椒で調味し、**3**を加えて混ぜる。

5 フライパンに太白胡麻油を熱し、**4**を入れて中火で全体をざっと混ぜる。弱火にして全体を少しずつかき混ぜるようにし、少し固まってきたら裏返して2〜3分焼く。器に盛り付ける。

6 鍋に**C**の材料を煮立たせ、水で溶いた片栗粉を加える。火を止め、生姜を加えて混ぜる。**5**にかけ、グリーンピースを飾る。

焼き豚

ボリュームのある豪快な焼き豚は濃いめの味に仕上げます。たくさんのパクチーと一緒にいただきましょう。

材料（4人分）
胡麻油 …… 大さじ1
豚肩ロース肉 …… 600g

A
┌ にんにく …… 1片
│ 生姜 …… 10g
│ 紹興酒 …… 200㎖
│ 醤油 …… 80㎖
│ はちみつ …… 50㎖
└ てんさい糖 …… 大さじ1
パクチー …… 適量

作り方

1 にんにくはみじん切り、生姜は千切りにする。
2 鍋に胡麻油を熱し、豚肩ロース肉を全体がきつね色になるまで中火で焼く。
3 2に混ぜ合わせたAの材料を加えてふたをし、吹きこぼれない程度の弱火で40分煮る。途中、様子を見て裏返す。
4 粗熱が取れたら5㎜厚さに切る。器に盛り付けて3の煮汁をかけ、パクチーを添える。

中華風コーンスープ

コーンクリーム缶を使って、本格的な味わいを簡単に作れます。とろみがコーンの甘みを引き立てます。

材料（4人分）

A
┌ コーンクリーム缶
│   …… 425g
│ 中華スープの素
└   …… 700㎖
塩 …… 小さじ1/2
胡椒 …… 少々

コーン（粒の缶詰）
    …… 大さじ3
片栗粉 …… 大さじ1
水 …… 大さじ2
菜種油 …… 大さじ1
卵 …… 2個
みつ葉 …… 適量

作り方

1 鍋にAの材料を入れて火にかけて沸騰させる。塩、胡椒で調味し、コーンを加えて混ぜる。水で溶いた片栗粉を少しずつ加えてとろみをつける。菜種油を回し入れ、溶き卵を漉しながら入れて火を止める。
2 器に注ぎ入れ、みじん切りにしたみつ葉を飾る。

献立アレンジ

胡麻油で炒めた鶏ひき肉と里芋をやわらかく煮て、たっぷりの白胡麻を加えた**「里芋の鶏胡麻スープ」**もおすすめです。

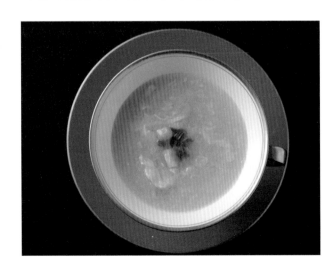

帆立の炊き込みご飯

たっぷりと入れた生姜が帆立の旨みを引き立てます。きのこを加えて作るのもおすすめです。

材料（4人分）

米 …… 2合
ベビーホタテ …… 100g
酒 …… 大さじ2
醤油 …… 小さじ1
塩 …… 小さじ1
昆布 …… 5cm分
みつ葉 …… 適量

作り方

1 米はとぎ、ザルにあげて30分置く。

2 炊飯器に米を入れ、ベビーホタテ、酒、醤油、塩を加え、昆布を加えてざっと混ぜる。炊飯器にかける。

2 炊きあがったら器に盛り、みつ葉を飾る。

とろける杏仁豆腐

なめらかな食感がクセになる美味しさ。杏仁霜（きょうにんそう）と生クリームを使ってクリーミーな本格的な味わいに仕上げます。

材料（4人分）

粉ゼラチン …… 5g
水 …… 大さじ2
A[杏仁霜 …… 大さじ2
    てんさい糖 …… 20g
牛乳 …… 200㎖
生クリーム …… 100㎖

いちじくのリキュールマリネ
[いちじく …… 4個
  レモン汁 …… 小さじ1
  はちみつ …… 大さじ2
  杏露酒 …… 大さじ1
  水 …… 大さじ1

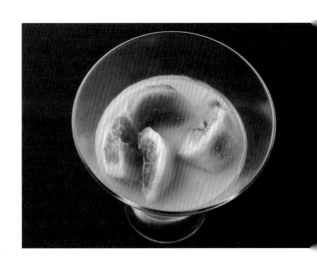

作り方

1 粉ゼラチンは水に入れてふやかしておく。

2 いちじくのリキュールマリネを作る。いちじくはひと口大に切り、レモン汁を振る。鍋にはちみつ、杏露酒を入れてよく混ぜ合わせ、火にかけてひと煮立ちしたら冷ます。水、いちじくを加え、冷蔵庫で30分冷やす。

3 鍋に**A**の材料を入れてよく混ぜ合わせ、牛乳を少しずつ加えながら溶かす。中火にかけ、沸騰直前で火を止め、ゼラチンを加えて溶かす。

4 粗熱が取れたら生クリームを加え、ザルで漉す。氷水にあててとろみがついてきたら器に流し入れ、冷蔵庫で冷やし固める。**2**をのせる。

献立アレンジ

大人向けの味わいにしたい時は、エスプレッソコーヒーのゼリーをのせた「**エスプレッソ風味のパンナコッタ**」を作ります。

Chapter.4

冬の
おもてなし

Winter

寒さが厳しくなってきた冬は、
クリスマスやバレンタインなど
一年のなかでも行事の多い時期です。
あたたかみのあるテーブルで
おもてなしをして、大切な方へ
感謝の気持ちをお伝えしてみましょう。

聖夜のクリスマスパーティー

Winter ● 冬のおもてなし

赤と緑色のカラフルなクリスマスのイメージも楽しいものですが、
今回はゴールドやシルバーを取り入れて、大人の聖夜を演出します。
ローストチキンを主役に華やかな料理でおもてなしをします。

ローストチキンが主役の華やかなテーブル

皆が集まるクリスマスはとっておきの料理でおもてなしをしましょう。年に一度のお
楽しみは丸鶏1羽を使った豪華なローストチキン。献立は彩りが良く、見映えのす
る料理を揃え、パーティーを華やかに盛り上げます。

乾杯のシャンパンは、白い花のような香りと香ばしいパンのようなアロマがあり、コクがありながらもドライなものをセレクト。「至高のブルゴーニュ」と呼ばれるシャルム シャンベルタン（左端）や、特別な日にふさわしい五大シャトーのボルドー（左から2番目）もチキンによく合います。（リストはP60参照）

MENU

- ● グジェール
- ● にんじんのムース コンソメジュレがけ
- ● かぶのハーブマリネ
- ● マッシュポテト 生ハム巻き
- ● オイスターカクテル
- ● 甘鯛と野菜の白ワイン蒸し
- ● ローストチキン
- ● フォンダンショコラ

コーディネートのPOINT

ホワイトシルバーを基調にシックな雰囲気に設えました。ゴールドやシルバーの小物や赤いキャンドルをアクセントに飾っています。テーブルセンターに配したもみの木と白樺、松ぼっくりがクリスマス気分を演出してくれます。

カットが美しい薩摩切子のグラス

模様が美しい薩摩切子の赤と白のグラス
は、祖父母から譲り受けたもの。背の低
いグラスはお酒だけでなく、ムースや前菜
などを盛り付けても素敵です。

キャンドルの灯がきらめく聖なる夜を

落ち着いた色合いの赤いキャンドルは、アンティーク調のスタンドに立て
て立体感を出しました。キャンドルの灯りが映り込んでガラスの器がきら
めく様は、とても美しい光景です。

クラシカルな雰囲気の
ゴールドの置物

トナカイはクリスマスの定番
オブジェ。ラインストーンが
キラキラと輝くゴールドのト
ナカイはクラシカルな大人の
雰囲気を演出します。小鳥と
一緒にプレゼントを運んでき
てくれそうです。

キャンドル形の
赤色のナプキン

聖なる夜に灯るキャン
ドルをイメージしてナ
プキンを折りました。
落ち着いた色のシル
クサテンは華やかで
高級感があります。献
立を添えて。

グジェール

チーズ風味のひと口サイズのプチシュー。ブルゴーニュの名物でシャンパンによく合います。

材料（20個分）

無塩バター …… 25g	グリュイエールチーズ
水 …… 40㎖	（コンテチーズでも
塩 …… 1g	代用可）…… 30g
薄力粉 …… 50g	ナツメグ …… 小さじ1/2
卵 …… 1個	胡椒 …… 適量

作り方

1 鍋に無塩バター、水、塩を入れて弱火にかける。沸騰してバターが完全に溶けたら火からおろし、薄力粉を加えてよく混ぜ合わせる。

2 1の鍋を再び火にかけて混ぜ続ける。生地に膜が張り、鍋底から離れてまとまってきたらボールに移す。溶き卵を数回に分けて加えてよく混ぜ合わせる。

3 グリュイエールチーズをすりおろし、大さじ1を残して2に加える。ナツメグ、胡椒を加えて混ぜ合わせる。

4 3を絞り袋に入れ、クッキングシートを敷いた天板に絞り出す。残りのグリュイエールチーズを振りかけ、200℃に予熱したオーブンで約20分焼く。

にんじんのムース コンソメジュレがけ

やわらかく煮て裏漉ししたにんじんと生クリームを合わせ、口どけの良いムースに仕上げました。

材料（4人分）

にんじん（中）…… 2・1/2本	カイエンペッパー …… 適宜
無塩バター …… 30g	生クリーム …… 50㎖目安
塩 …… 適量	コンソメスープ缶（市販）
牛乳 …… 200㎖目安	…… 300㎖
ローリエ …… 1枚	セルフィーユ …… 適量
塩 …… 適量	

作り方

1 にんじんのムースを作る。にんじんは皮をむいて縦4等分にし、芯の部分を切り落として小さく切る。

2 鍋に無塩バターを熱し、にんじんをソテーして塩で調味する。牛乳をひたひたに注いでローリエを加え、アクを取りながらにんじんがやわらかくなるまで煮る。ローリエを取り除いてミキサーにかけ、目の細かい漉し器で漉す。

3 2を鍋に戻して中火にかける。水分が足りなくなったら適宜牛乳を加えて調整する。塩、カイエンペッパーを加えて混ぜる。冷蔵庫で30分冷やす。

4 3の半量の生クリームを8分立てに泡立て、3に加えて混ぜ合わせる。

5 コンソメスープをボールに入れ、冷蔵庫で1日冷やしてジュレ状にする。

6 冷やした器に4を入れ、5を静かにのせる。セルフィーユを飾る。

かぶのハーブマリネ

冬に美味しいかぶをマリネにしました。ほんのりと甘いハニーマスタードとの相性が抜群です。

材料（4人分）

かぶ …… 5個
塩 …… 適量

マリネ液

にんにく（みじん切り）
　　…… 小1片分
レモン汁 …… 1/2個分
エクストラバージン
　　オリーブオイル
　　…… 大さじ1・1/2
白ワインビネガー
　　…… 大さじ1
はちみつ …… 大さじ1
粒マスタード
　　…… 小さじ1/2
塩 …… 小さじ1/2
てんさい糖 …… 少々
白胡椒 …… 適宜

作り方

1 かぶは茎を2cm残して切り、皮をむいて3〜5cm幅に切って軽く塩を振る。
2 ボールにマリネ液の材料を入れてよく混ぜ合わせる。軽く水気を絞ったかぶを加えて混ぜ、冷蔵庫で1時間漬ける。

オイスターカクテル

カキをシャンパンビネガーソースでいただきます。

材料（4人分）

殻付きカキ（生食用）…… 8個
玉ねぎ …… 1/4個
黄パプリカ …… 1個
トマト …… 1個

A
エクストラバージン
　　オリーブオイル
　　…… 大さじ2
シャンパンビネガー
　　…… 大さじ2
ざくろジュース …… 大さじ2
塩 …… 少々
胡椒 …… 少々

作り方

1 カキは殻からはずし、塩（分量外）で揉んで水洗いする。
2 玉ねぎ、黄パプリカ、湯むきしたトマトはみじん切りにして和える。
3 ボールにAの材料を混ぜ合わせ、2を加えて和える。
4 殻にカキを入れて3をかける。

マッシュポテト生ハム巻き

手軽に作ることができるのでパーティー料理におすすめ。

材料（4人分）

じゃがいも …… 2個
生ハム …… 8枚
貝割れ菜

A
レモン汁 …… 1/4個分
牛乳 …… 50㎖
パルメザンチーズ
　　…… 20g

作り方

1 鍋に水を入れ、じゃがいもを皮つきのまま茹でる。熱いうちに皮をむき、マッシャーでつぶす。
2 1にAの材料を加えてよく混ぜ合わせる。30gずつに等分して丸め、それぞれ生ハムで包む。貝割れ菜を飾る。

ローストチキン

オーブンで簡単に作れるのでクリスマスにぴったり。スタッフィングを変えればアレンジの幅が広がります。

材料（2人分）

丸鶏（小・内臓を
　　処理済のもの）…… 1羽
塩 …… 適量
胡椒 …… 適量

スタッフィング
┌ 食パン（サンドイッチ用・
　　みみなし）…… 10枚
│ りんご …… 1・1/2個
│ 生クリーム …… 大さじ2
│ 塩 …… 小さじ2
│ 胡椒 …… 小さじ1
│ 白ワイン …… 大さじ2
└ ナツメグ …… 少々

エクストラバージン
　　オリーブオイル …… 大さじ2
ローズマリー …… 2本
タイム …… 1本
肉汁 …… 大さじ1
無塩バター …… 5g
小麦粉 …… 大さじ1
水 …… 50㎖

┌ 赤ワイン …… 大さじ3
│ ウスターソース
　　　…… 大さじ1
A │ はちみつ …… 小さじ1
└ 胡椒 …… 小さじ1/4
クレソン …… 適量

作り方

1 丸鶏は腹の中と全体を流水でよく洗う。キッチンペーパーで水分を取り、塩、胡椒を全体にすり込む。冷蔵庫で1時間休ませる。

2 スタッフィングを作る。食パンは手でちぎり、りんごはすりおろす。ボールにすべての材料を入れて混ぜ合わせる。

3 鶏肉の腹の中に**2**を詰め、お尻を楊枝で留める。エクストラバージンオリーブオイルを全体に塗る。ローズマリーとタイムをのせ、アルミ箔をかぶせる。180℃に予熱したオーブンで1時間焼く。200℃に上げ、アルミ箔をはずしてさらに10分焼く。

4 ソースを作る。フライパンに**3**の肉汁大さじ1を入れて弱火にかけ、無塩バターを加えて混ぜ合わせる。小麦粉を加えて粉っぽさがなくなるまで炒める。木べらでかき混ぜながら少しずつ水を加え、混ぜ合わせた**A**の材料を加えて中火で煮立たせる。味を調えたら完成。

5 器に**3**を盛り付け、クレソン、**4**を添える。

献立アレンジ

牛肉の場合はポートワイン、トマトソースで2時間煮込んだやわらかな**「牛ほほ肉の赤ワイン煮込み」**を。

甘鯛と野菜の白ワイン蒸し

野菜の旨みが溶け出したスープが、甘鯛の美味しさをより引き立てます。
さっぱりとした味わいにワインが進みます。

材料（1人分）

甘鯛 …… 100g
かぶ …… 1/4個
水菜 …… 1/2束
ズッキーニ …… 1/2本
グリーンアスパラガス …… 1本
フュメ ド ポワソン（市販）
　…… 100㎖
白ワイン …… 適量
エクストラバージンオリーブ
　オイル …… 適量

作り方

1 甘鯛は食べやすい大きさに切る。かぶは皮をむいて4等分に切り、水菜は4㎝長さに切る。ズッキーニは輪切り、グリーンアスパラガスは硬い部分を除いて4㎝長さに切る。かぶ、ズッキーニ、グリーンアスパラガスはそれぞれ茹でておく。
2 鍋にフュメ ド ポワソン、かぶ、ズッキーニ、グリーンアスパラガスを入れて火にかけ、沸騰したら弱火にして甘鯛、白ワインを加える。ふたをして3〜4分蒸し煮にする。水菜を加え、ふたをして1分ほど蒸らす。
3 器に盛り付け、エクストラバージンオリーブオイルをかける。

献立アレンジ

濃厚な味わいにしたい時は、バターでソテーしたさけを生クリームのソースで煮込んだ**「サーモンのノルマンディ風」**を。

フォンダンショコラ

熱々のうちに食べると、中からチョコレートがとろりと溶け出してきます。

材料（4人分）

ガナッシュ
生クリーム …… 40㎖
ビタースイートチョコレート
　…… 50g
ココアパウダー …… 適量

チョコレート生地
ビタースイートチョコレート
　…… 80g
無塩バター …… 30g
卵 …… 2個
てんさい糖 …… 50g
薄力粉 …… 20g
ココアパウダー …… 大さじ2

作り方

1 ガナッシュを作る。生クリームは電子レンジで30秒加熱し、刻んだビタースイートチョコレートと合わせ、チョコレートが溶けるまで混ぜ合わせる。冷蔵庫に入れて軽く固める。
2 1を4等分し、手にココアパウダーをつけながら丸く成型する。冷凍庫で冷やし固める。
3 チョコレート生地を作る。ボールに刻んだビタースイートチョコレート、無塩バターを入れて湯せんにかける。
4 別のボールに卵を割りほぐし、てんさい糖を加えて白っぽい状態になるまで泡立てる。**3**を3回に分けて静かに加えて混ぜ合わせる。ふるった薄力粉、ココアパウダーを加えてよく混ぜ合わせる。
5 **4**の生地を型の高さ1/3まで入れ、冷凍庫で冷やした**2**をのせる。かぶせるように**4**を流し入れる。220℃に予熱したオーブンで約15分焼く。
6 焼き上がったらすぐに型から出し、器に盛り付ける。

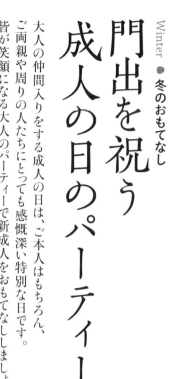

門出を祝う
成人の日のパーティー

Winter ● 冬のおもてなし

大人の仲間入りをする成人の日は、ご本人はもちろん、ご両親や周りの人たちにとっても感慨深い特別な日です。皆が笑顔になる大人のパーティーで新成人をおもてなししましょう。

MENU

- パセリとチーズのサブレ
- カリフラワーのムース　生ハム添え
- 帆立とスモークサーモンの
　キャベツ包み
- ビーツのスープ
- にんじん、りんご、レーズンのサラダ
- 鴨のロースト ポンムソース
- オレンジとココナッツの
　クレームブリュレ

香り豊かな赤ワインと一緒に料理を楽しむ

大人の仲間入りをするお祝いは、芳醇な香りの赤ワインと一緒に料理を楽しんでいただきます。料理の始まりは、生ハムをお祝いのバラの花に見立てたカリフラワーのムースから。大人の時間が始まります。

コーディネートのPOINT

新成人の方をお招きするパーティーは、大人の仲間入りを感じられるようなエレガントな雰囲気に設らえます。落ち着いた色合いのワインレッドを基調にして、真紅のダリアを飾ってコーディネートしました。

色数を少なくスタイリッシュなコーディネートに

ワインレッドのクロスに合わせ、テーブルフラワー、器、ナプキンも同系色のグラデーションを取り合わせ
ました。色数を少なくまとめることでスタイリッシュな大人のコーディネートに仕上がります。

想いを伝える
ブラックダリア

テーブルには大輪のダ
リアを飾りました。ブラ
ックダリアの花言葉は
「感謝」。ここまで育てて
くれたご両親に想いを
馳せていただきながら、
これからの人生の門出
を皆でお祝いしましょう。

おすすめのワイン

オードブルやスープにはフランス・ブルゴーニュの
エレガントで複雑な香りのヴォーヌ・ロマネの赤ワイン（左端）を合わせます。後に続くワインは、黒い
果実の熟した風味と、なめらかなタンニンがバランスの良い赤ワインをセレクト。鴨料理の複雑な味
わいとの相性がぴったりです。（リストはP60参照）

**存在感のある
グラスで乾杯を**

テーブルクロスの
色味に合わせ、シャ
ンパングラスも赤
色で揃えました。ワ
イングラスはブル
ゴーニュタイプを
用意しました。

野菜をふんだんに使ったヘルシーな献立

野菜をたっぷりと使った料理は見た目にもカラフルで栄養もたっぷりです。メインには「鴨のロースト ポン
ムソース」を用意し、赤ワインとのマリアージュを楽しんでいただきます。

❶ パセリとチーズのサブレ

塩味を効かせたアミューズにぴったりのサブレです。パルミジャーノ・レッジャーノの香りが食欲をそそります。

材料（20個分）

パルミジャーノ・レッジャーノ
　（生地用）…… 65g
無塩バター …… 70g
薄力粉 …… 80g

塩 …… 小さじ1/2
牛乳 …… 大さじ2
パルミジャーノ・レッジャーノ
　（仕上げ用）…… 大さじ1
粗挽き胡椒 …… 少々

作り方

1　パルミジャーノ・レッジャーノ、無塩バターは1cm角に切る。
2　フードプロセッサーに**1**、薄力粉、塩を入れて、しっとりとした粉状になるまで撹拌する。牛乳を加えてさらに30秒ほど撹拌し、生地がひとかたまりになったら取り出す。
3　**2**をビニール袋に入れて平らにし、冷蔵庫で30分以上休ませる。
4　**3**を袋に入れたまま麺棒で7〜8mm厚さに伸ばす。1×5cmほどの大きさに切り分ける。
5　クッキングシートを敷いた天板に**4**を間隔を空けて並べる。パルミジャーノ・レッジャーノ、粗挽き胡椒を振り、190℃に予熱したオーブンで約15分焼く。

❷ カリフラワーのムース 生ハム添え

爽やかなカリフラワーのムースは生ハムとの相性が抜群。生ハムは花びらに見立てて美しく飾ります。

材料（4人分）

カリフラワー（正味）…… 150g
水 …… 300ml
塩 …… 小さじ1/4
生クリーム …… 100ml

A ｜ エクストラバージン
　　 ｜ オリーブオイル
　　 ｜ 　…… 大さじ1
　　 ｜ 塩 …… 小さじ1/2
生ハム …… 4枚
ピンクペッパー …… 適量
チャービル …… 適量

作り方

1　カリフラワーは2〜3cm角に切る。鍋に水、塩を入れて火にかけ、カリフラワーをやわらかくなるまで茹でて粗熱を取る。茹で汁は大さじ3を残しておく。
2　生クリームは八分立てに泡立てる。
3　ミキサーにカリフラワー、茹で汁大さじ3、**A**の材料を入れ、なめらかになるまで撹拌する。
4　ボールに**3**を入れ、**2**を加えてざっくりと混ぜ合わせる。
5　器に流し入れ、巻いた生ハムをのせ、ピンクペッパー、チャービルを飾る。

献立アレンジ

コンソメスープで煮た赤ピーマンを裏漉しして、泡立てた生クリームと合わせた**「赤ピーマンのムース」**も華やかです。

帆立とスモークサーモンのキャベツ包み

ころんとした見た目が可愛らしい前菜です。フレンチドレッシングでさっぱりといただきます。

材料（4人分）

帆立（生食用）…… 2個
スモークサーモン …… 2枚
キャベツの葉 …… 2枚
じゃがいも …… 2個
塩 …… 少々
胡椒 …… 少々
生クリーム …… 大さじ6
ディル（みじん切り）
　…… 小さじ1/3
フレンチドレッシング
　フレンチマスタード
　　…… 小さじ1
　白ワインビネガー
　　…… 大さじ2・2/3
　塩 …… 少々
　胡椒 …… 少々
　はちみつ …… 小さじ1/5
　レモン汁 …… 小さじ1/2
　玉ねぎ（すりおろす）
　　…… 1/4個分
　エクストラバージンオリーブ
　　オイル …… 100㎖

作り方

1 フレンチドレッシングを作る。ボールにフレンチマスタード、白ワインビネガーを入れて溶きほぐし、エクストラバージンオリーブオイル以外の残りの材料を加えてよく混ぜる。オリーブオイルを少しずつ加えながら泡立て器で混ぜ合わせて乳化させる。

2 帆立は5㎜角、スモークサーモンは5㎜四方に切る。キャベツの葉は塩で茹でる。じゃがいもは皮をむいて乱切りにし、電子レンジで加熱したらつぶして粗熱を取る。

3 ボールにじゃがいもを入れて塩、胡椒を振る。生クリーム、ディルを加えてよく混ぜる。帆立、サーモンを加えて混ぜ合わせる。

4 ラップにキャベツの葉をのせ、**3**をのせて茶巾状に丸く包む。ラップをはずして半分に切り、器に盛り付ける。フレンチドレッシングを添える。

ビーツのスープ

鮮やかな色が美しいスープ。ビーツは「飲む輸血」と呼ばれるほど栄養がたっぷりです。

材料（2人分）

ビーツ …… 1/2個
玉ねぎ …… 1/4個
じゃがいも（小）…… 1個
無塩バター …… 10g
水 …… 適量
鶏がらスープの素（顆粒）
　…… 大さじ1
牛乳 …… 200㎖目安
塩 …… 大さじ2
胡椒 …… 大さじ2

作り方

1 ビーツは皮をむいて水にさらし、すぐに水気を切って1㎝厚さのいちょう切りにする。玉ねぎは薄切りに、じゃがいもは3㎜厚さに切る。

2 鍋に無塩バターを熱し、玉ねぎを透き通るまで炒める。ビーツ、じゃがいもを加えて炒め合わせる。

3 **2**に水をひたひたよりもやや多めに加えて火にかけ、沸騰したら鶏がらスープの素を加える。ふたをしてビーツがやわらかくなるまで弱火で煮る。火からおろし、粗熱が取れたらミキサーにかける。

4 **3**を鍋に移し、好みの濃度になるまで牛乳を加えてひと煮立ちさせる。塩、胡椒で調味する。

5 器に**4**を流し入れる。

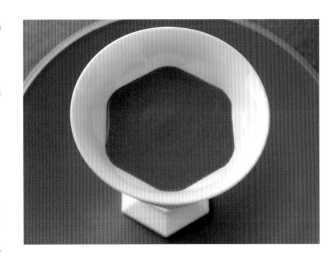

献立アレンジ

栗、さつまいも、玉ねぎを炒め、鶏がらスープで煮た**「栗とさつまいものポタージュ」**もほのかな甘みが優しい味わいです。

にんじん、りんご、レーズンのサラダ

簡単なのでちょっとした一品にぴったり。にんじんは水分をしっかり出すことで甘みを感じられます。

材料（4人分）

にんじん …… 2本
りんご …… 1個
パセリ（みじん切り）…… 大さじ1
レーズン …… 大さじ5
レモン汁 …… 1個分
マヨネーズ …… 大さじ2
すし酢 …… 大さじ2
塩 …… 適量

作り方

1 にんじんは皮をむき、斜め薄切りにしてから千切りにして塩（分量外）を振り、水分をしっかりと拭き取る。りんごは皮付きのまま薄切りにして千切りにする。パセリは少量を飾り用にとっておく。
2 ボールにすべての材料を入れ、ざっくりと混ぜ合わせる。
3 器に盛り付け、パセリを散らす。

オレンジとココナッツのクレームブリュレ

オレンジにココナッツミルクを組み合わせたエキゾチックな味わい。表面をパリパリに仕上げましょう。

材料（4人分）

オレンジの皮のシロップ煮	生クリーム …… 250㎖
オレンジ …… 1個	バニラビーンズ …… 1/2本
てんさい糖 …… 75g	卵黄 …… 6個分
水 …… 適量	てんさい糖 …… 65g
ココナッツミルク …… 200㎖	三温糖 …… 大さじ4

作り方

1 オレンジの皮のシロップ煮を作る。オレンジは果汁を絞り、皮は千切りにする。果汁は150㎖になるように水を足しておく。鍋に果汁、皮、てんさい糖を入れて弱火にかけ、1/3量になるまで煮詰め、そのまま冷ます。
2 ココナッツミルクはひと煮立ちさせて冷まし、冷やしておいた生クリームと合わせる。
3 バニラビーンズは縦に切り開き、中身をしごき出してボールに入れる。卵黄、てんさい糖を加え、泡立て器でよく混ぜ合わせる。
4 3に2を少しずつ加えて混ぜ、1のシロップ少々を加えて混ぜ合わせる。漉し器で漉してしばらく休ませる。
5 4を耐熱容器に流し入れ、アルミ箔でふたをする。天板に容器を並べて湯を張り、150〜160℃に予熱したオーブンで10〜15分ほど湯せん焼きにする。室温まで冷ましたら冷蔵庫で冷やす。
6 5に三温糖を漉しながら振り、バーナーで表面に焦げ目をつけて冷蔵庫で冷やす。これを2〜3回繰り返す。1のシロップ煮を飾る。

鴨のロースト ポンムソース

オレンジやベリー系のソースを合わせることが多い鴨肉ですが、りんごとの相性も抜群です。

材料(4人分)

りんごジャム …… 大さじ1
- りんご …… 1個
- てんさい糖 …… 60g
- レモン汁 …… 大さじ1

鴨むね肉 …… 2枚(約360g)
塩 …… 少々
胡椒 …… 少々
じゃがいも …… 2個
りんご …… 1個
無塩バター …… 15g
ブランデー(白ワインで代用可)
…… 大さじ2
レモン汁 …… 小さじ1/3
バルサミコ酢 …… 100㎖
ピンクペッパー …… 適量

作り方

1 りんごジャムを作る。りんごは皮をむいて芯を取り、1㎝角に切る。鍋にすべての材料を入れて混ぜながら中火にかけ、沸騰したら弱火にして15分煮る。粗熱が取れたらミキサーにかける。

2 鴨むね肉は両面に塩、胡椒を振る。じゃがいもとりんごは皮をむいて5㎜角に切り、じゃがいもは電子レンジで固めに加熱する。

3 フライパンを中火で熱し、鴨肉の皮目を下にしてこんがりと焼く。肉から出た油を捨てて裏返し、無塩バターを加え、じゃがいも、りんごを周りに並べてふたをする。ミディアムに焼けたら取り出し、アルミ箔で包んで保温する。

4 **3**のじゃがいも、りんごは弱火で焼き続け、しんなりとしたら塩、胡椒を振り、ブランデーを加えて煮詰める。**1**を大さじ1加えて混ぜ、レモン汁で調味する。バルサミコ酢を加えて中火にし、1/4量まで煮詰める。

5 器に**4**のじゃがいも、りんごを敷き、5㎜厚さに切った鴨肉をのせる。ピンクペッパーを散らす。

> **献立アレンジ**
>
> 豚肉の場合は、塩麹とローズマリーに漬けてから焼き、黒胡麻と赤ワインのソース、泡立てた抹茶でいただく**「豚肉のロースト」**を。
>
>

大切な人へ贈る バレンタインデー

大切な家族や恋人、友人に気持ちを伝えるバレンタインデー。
二人だけの小ぢんまりとしたテーブルを設えて、
大人の雰囲気が漂うコーディネートでおもてなしをします。

コーディネートのPOINT

ジャズが大好きな父のために設えたテーブルです。父の好きなミュージシャンのポスターを壁に飾り、BGMにはジャズを流し、キャンドルを灯してお出迎えします。赤色のモダンなテーブルにはモスを敷き詰めて遊び心を出し、「情熱」の花言葉をもつアンスリウムを飾って個性のある大人の雰囲気を演出しました。カラーの花をプレゼントに贈ります。

チョコレートムース

チョコレートの風味が奥深い濃厚なムース。簡単なのに高級感があるので大人のパーティーにおすすめです。

材料（4人分）

クーベルチュール
　チョコレート
　　…… 80g
生クリーム
　…… 30㎖
卵黄 …… 1個分
卵白 …… 2個分
てんさい糖
　…… 大さじ1
ミント …… 適量

作り方

1　クーベルチュールチョコレートは細かく刻む。
2　鍋に生クリームを入れて火にかけ、**1**を加えて溶かす。ボールに移し、粗熱が取れたら卵黄を加えて混ぜ合わせる。
3　別のボールに卵白、てんさい糖を入れ、ツノが立つまで泡立てる。**2**に2〜3回に分けて加えて混ぜ合わせる。器に流し入れ、冷蔵庫で冷やす。ミントを飾る。

チョコレートクッキー

チョコレートを加えずにカカオの風味を楽しむクッキー。サクサクの食感はつい手が伸びる美味しさです。

材料（直径5㎝を約30個分）

無塩バター …… 90g　　薄力粉 …… 140g
卵 …… 1/2個　　　　　ココアパウダー …… 30g
牛乳 …… 25㎖　　　　　てんさい糖 …… 65g

作り方

1　無塩バターは常温に戻す。卵と牛乳は混ぜ合わせる。薄力粉とココアパウダーは合わせてふるっておく。
2　ボールにバターを入れてよく混ぜ、てんさい糖を加えて白くなるまで混ぜる。卵と牛乳を少しずつ加えて混ぜ、**1**の粉類を加えてざっくりと混ぜ合わせる。生地をまとめて四角に伸ばし、ラップに包んで冷蔵庫で1時間冷やす。
3　**2**を5㎜厚さに伸ばして型で抜く。170℃に予熱したオーブンで20〜25分焼く。

トリュフ

ココナッツがアクセントの口溶けの良いトリュフ。お好みでラム酒を加えると大人の味わいに仕上がります。

材料（約25個分）

ガナッシュ

クーベルチュール	クーベルチュールチョコレート
チョコレート …… 130g	（コーティング用）…… 100g
生クリーム …… 85㎖	ココナッツパウダー …… 適量
無塩バター …… 55g	

作り方

1 ガナッシュを作る。ボールにクーベルチュールチョコレートを刻んで入れ、沸騰直前まで温めた生クリームを注いで混ぜる。無塩バターを加えて溶かす。冷蔵庫に入れ、絞れるくらいの固さになるまで冷やす。

2 コーティング用チョコレートを作る。クーベルチュールチョコレートを細かく刻んでボールに入れ、40〜50℃の湯せんで完全に溶かす。別のボールに20〜25℃の水を入れ、チョコレートのボールの底をあてて、チョコレートの温度が27℃ほどになるまで混ぜながら冷やす。再び湯せんに数秒間当て、チョコレートの温度を30℃にする。

3 1を丸口金の絞り袋の中に入れ、クッキングシートの上に絞って手で丸める。2のチョコレートにくぐらせる。

4 ココナッツパウダーの上に落とし、転がすようにして全体にまぶし、そのまま固める。

チョコマドレーヌ

カカオの風味を効かせたマドレーヌ。チョコレートを使っていないので、ヘルシーで深い味わいです。

材料（8×7㎝のマドレーヌ型約10個分）

薄力粉 …… 80g	卵黄 …… 4個分
ココアパウダー …… 20g	てんさい糖 …… 100g
ベーキングパウダー	無塩バター …… 90g
…… 小さじ1/2	ラム酒 …… 小さじ1
卵白 …… 2個分	

作り方

1 薄力粉とココアパウダー、ベーキングパウダーは合わせてふるっておく。

2 ボールに卵白、卵黄、てんさい糖を混ぜ合わせ、ふんわりと泡立てる。1を加えてざっくりと混ぜ合わせる。

3 鍋に無塩バターを入れて弱火にかけ、絶えず混ぜながら茶色になるまで煮詰めて焦がしバターを作る。火からおろし、人肌くらいの温度になるまで冷ます。

4 2に3、ラム酒を加えて静かに混ぜ合わせる。

5 4を型の7分目まで流し入れ、220℃に予熱したオーブンで約15分焼く。すぐに型からはずし、ケーキクーラーにのせて冷ます。

テーブルギャラリー

これまでに私がコーディネートしたテーブルのなかから、特に印象に残っているもの、私のお気に入りのものをご紹介します。

日韓友好の橋渡し

東京ドーム「テーブルウェア・フェスティバル」入選作品。私の姉が韓国の方に嫁いだこともあり、韓国には昔から深い思い入れがあります。日本と韓国をつなぐ橋をイメージし、竹を組み合わせてテーブル代わりにセッティングしました。日本と韓国の料理を融合させた創作料理を作り、韓国のお酒「マッコリ」を楽しんでいただきました。テーブルウェアも両国のものを取り合わせ、日韓の橋渡しを演出しました。

日韓友好に舞うひととき

婦人画報社主催「私の茶遊び大賞」（2002年）佳作作品。韓国のムードを感じさせる赤い提燈の灯りの下、和室で開かれたモメチョッタ（韓国語で「体に良い」の意味）な韓国茶会です。韓国のお茶は薬用茶や健康茶という独自のスタイルが特徴です。始まりは丁子の薬酒で乾杯しました。韓国のオモニ（母）から伝わる伝統料理と自分流にアレンジした「薬食同源」の料理をテーマに、「心を癒していただきたい」という想いを込めました。

時空を超えて想う秋の夜長

婦人画報社主催「秋の日のお茶会大賞」(2000年)で「藤野真紀子賞」受賞作品。時代は変われど、変わることのない月。侘び寂びを旨とする茶の湯においても「名残」となる秋は情緒が深まる季節です。月は時空を超えて夏を惜しみ、今も私たちを照らしています。亡き曽祖父も同じ月を愛でていたのでしょうか。曽祖父の読んだ一句、そして絵の中の茶碗と現存する器に、"過去"と"現在"をテーブルの上で融合させました。"月"を愛でるおもてなしです。

家での
ウェディングテーブル

ミニウェディングのパーティー
を自宅で開きました。テーブル
の全面にモスを敷き詰め、カラ
ーやアイビーを飾ってグリーン
を基調にした爽やかなテーブル
を設えました。テーブルウェア
はシルバーでコーディネート。
各テーブルに置いたミニシャン
パンで乾杯します。

お雛様を想う桃の節句

東京ドーム「テーブルウェア・フェス
ティバル」入選作品。ちらし寿司をメ
インに初春を感じさせる料理で桃の
節句をお祝いしました。テーブル中
央にお雛様の敷物を置き、その上に
器を並べました。趣向を凝らした料
理を小皿に盛り付け、目でも楽しん
でいただきます。黄色に輝くシャンパ
ンカクテル「ミモザ」で乾杯です。

110

おわりに

素晴らしい四季のある日本で、さまざまな季節におけるテーブルコーディネート、それに合わせた料理、そしてワインが少しでもご参考になりましたでしょうか。この本が皆様方の〝おもてなし〟にささやかながらもお役に立つことができましたなら、本当に嬉しく思います。

昨今の新型コロナウイルスによる不安な状況のなかで、ちょっとした工夫で自宅での食事に楽しみを見い出すことができたら、何気ない一日もハッピーな気分で過ごすことができるかもしれません。

私は20代半ばから体調を崩し、長い間辛い日々を送りました。その時期に学んだこと、想ったことがたくさんあります。食の本当の大切さ、皆が集う時にどうやったら心のこもった設えをできるか――数々のことを感じながら今を迎えています。出版できた喜びを礎に、これからまた大好きな食の仕事に関わっていきたいと思っています。

この本を出版するにあたり、「一冊の本にまとめてみたらどうですか」とお声をかけてくださり、背中を押して終始笑顔で励ましてくださった網野妙子先生に心から感謝を申し上げたいと思います。また、誠文堂新光社の渡辺真人様、なごやかな雰囲気のなかで撮影にご協力いただきましたカメラマンの山本正樹先生と助手の田邊美樹様、本のデザインをしていただきましたニルソンデザイン事務所の皆様、制作全般にご協力いただいた梶井明美様、齋藤美帆様に御礼申し上げます。

最後に、父と母に心から感謝の気持ちを贈りたいと思います。

2021年3月吉日　岩崎久美

111

岩崎久美
Kumi Iwasaki

トータルテーブルコーディネーター。東京都出身。イル・プルーシュル・ラ・セーヌ、懐石 龍雲庵、懐石 辻留などで料理、お菓子作りを学ぶ。「人が心地良く過ごせる空間」をテーマに和洋折衷のコーディネートを提案している。ワインエキスパート、紅茶マイスター、紅茶アドバイザーの資格をもち、料理とワインのマリアージュが得意。東京ドーム「テーブルウェア・フェスティバル」に2度入選（2001、2002年）。婦人画報社主催の「秋の日のお茶会大賞」で「藤野真紀子賞」受賞（2000年）、「私の茶遊び大賞」入選（2002年）。2004年、東京・銀座三越「プリザーブドフラワー展」に網野妙子氏と共同出展。

✉ info@td-kumi.com
🖥 http://td-kumi.com
📷 g97032

staff
プロデューサー：網野妙子
撮影：山本正樹
撮影協力：田邊美樹
装丁・デザイン：
望月昭秀＋境田真奈美＋吉田美咲（NILSON）
使用薔薇（表紙カバー）：
アロマティーク.miwako、
madam kayoko（いずれも新種薔薇）

お招きするための四季のスタイリングとレシピ

テーブルセッティング エレガンス

2021年3月14日 発行　　　　　　　　　　NDC596

著　者　　岩崎久美（いわさきくみ）
発行者　　小川雄一
発行所　　株式会社 誠文堂新光社
　　　　　〒113-0033 東京都文京区本郷3-3-11
　　　　　[編集] TEL03-5800-5779
　　　　　[販売] TEL03-5800-5780
　　　　　https://www.seibundo-shinkosha.net/
印刷・製本　図書印刷 株式会社

©2021, Kumi Iwasaki.　　　　　　　Printed in Japan

ISBN978-4-416-91890-6